狂欢与蛊惑

鲍鲳 著

苏州大学出版社

图书在版编目(CIP)数据

网游：狂欢与蛊惑 / 鲍鲳著. —苏州：苏州大学出版社，2012. 5
(新媒介与青年亚文化 / 马中红主编)
ISBN 978-7-5672-0029-6

Ⅰ. ①网… Ⅱ. ①鲍… Ⅲ. ①青年—亚文化—研究 Ⅳ. ①C913. 5

中国版本图书馆 CIP 数据核字(2012)第 070710 号

网游 狂欢与蛊惑

著　　者　鲍　鲳
丛书策划　沈海牧　李寿春
责任编辑　王晓丹
装帧设计　吴　钰
出版发行　苏州大学出版社
地　　址　苏州市十梓街 1 号
邮　　编　215006
电　　话　0512-65225020　65222617(传真)
网　　址　http://www.sudapress.com
印　　刷　南通印刷总厂有限公司
开　　本　700 mm×1 000 mm　1/16　印张 13.25　字数 164 千
版　　次　2012 年 5 月第 1 版
　　　　　2012 年 5 月第 1 次印刷
书　　号　ISBN 978-7-5672-0029-6
定　　价　28.00 元

总序

青年亚文化作为一种普遍而又独特的文化现象，是人类社会文化结构中必然的不可或缺的组成部分。相对于主流文化，青年一代的文化以其青春性、多变性和挑战性的特性有别于位居社会主体的成人文化；而相对于基本认同主流价值的青年文化，青年亚文化则具有非主流、边缘性的“亚”文化或“次”文化特征。事实上，青年亚文化是一种世界性的青春文化现象，就其实质而言，它所反映的是成人世界与青春世界、父辈一代与子一代之间那种永恒的矛盾和张力关系。尽管在不同的时空语境下，这对关系往往以不同的方式表现出来，譬如反抗、冲突、偏离、协商、另类，等等，但是，它所呈现的那种青春期的迷惘、矛盾、寻觅冲动以及身份认同的困扰始终是青年亚文化的历史宿命，无论社会的意识形态如何统一和强大，这类青年亚文化或多或少总会以某些方式表现出来。

在中国现代文化史上，诸如“五四”青年文化运动、“一二·九”风暴，甚至红卫兵运动，都在一定程度和某个侧面显现了那个时代的青年亚文化症候。但就整体而言，一直到 20 世纪 80 年代之前，现代中国的青年文化更多的还是以认同和追随主流文化、成人文化的方式出现，那种典型的具有世界普遍性的青年亚文化现象并不突出。但是，伴随着改革开放和中国与世界文化的接轨，在短短 30 年的时间里，中国青年亚文化发生了巨大变化，时至今日，已经成了当代中国青年文化的重要组成部分。

如果说，20 世纪 80 年代初的青年亚文化从备受压制到浮出地表，在传统的媒介语境中以各种个性化的另类形象出现和发展，并得到社会的理解和宽容，主要是得益于经济体制转轨和思想解放运动，那么，进入 21 世纪的今天，青年亚文化的发展则在很大程度上有赖于以互联网为标志的信息技术革命，是突飞猛进的科学技术对青年日常生活的渗透和全球化的必然结果。如今，80 年代形成的第一波青年亚文化族群/类型已成为追忆中的昔日辉煌，而新媒介支持下的今日青年亚文化才刚刚拉开序幕。但令人震撼的是，新媒介对当今青年亚文化的影响，无论是在力度上还是在广度上都已远远超出了媒介技术的层面，进而关涉到当代中国青年亚文化特质的变异及其走向，故而特别引人瞩目。

一

从文化赖以生存的媒介和技术环境方面看，当下以互联网为核心的新媒介对社会文化生态的全方位渗透，开始明显地推动今日中国的整体文化向着开放、民主和文化多元的方向转变，同时整体文化的存在形态也在向“数字化生存”方向转向。新媒介不仅为传统文化类型的“转型”提供了广阔的空间，而且催生了一系列新的文化类型，其中，青年亚文化是最为突出的景观。当各种各样的“客”，例如博客、播客、闪客、换客等轮番上场，当各种“社区”“论坛”喧闹于网上，当 IM(即时通信工具)、SNS(社交网络服务)、微博备受青睐，当网上购物成为风潮，当“搜索”“自拍”“黑客”等所有这些网络技术和文化实践成为青年亚文化习以为常的社会参与及其表达方式时，青年群体正在演绎和展示着的，是一个完全不同于以往的“虚拟现实”。可以这么说，网络媒介为中国当代各种青年亚文化的外来接受，本土生成发展和迅速传播提供了前所未有的开放式、无边界、多媒介的物理空间和相对平等、自由、开放的精神空间。如今,新媒介已经成了中国青年亚文化生长的肥沃良田和迅猛扩张的异度空间,成为新型青年亚文化传播的利器和青年一代寻找志同道合者、建构文化族群和部落的文化场域。

网络媒介的全面立体覆盖、低廉成本及使用的便捷,使中国大量青年群体的日常行为和生活方式与网络媒介牢固地绑定在一起,网络成为了他们的"良师益友"和"亲密伙伴",有的甚至发展到须臾不能离开。一项由美国互联网公司 IAC(Inter Active Corp)和智威汤逊(J. Walter Thompson)广告公司合作,用双语进行的调查研究发现,与美国青年相比较,中国青年更依赖于数字技术,有 80%的中国青年认为数字技术是自己生活的必要组成部分,其中 42%的人觉得自己"上网成瘾",而美国青年中持这种想法的则分别为 68%和 18%。与此同时,该调查还发现,网络在中国青年人的社会生活和情感世界中扮演着极为重要的角色。77%的受访者说,他们通过网络交友;54%的人表示他们曾经通过网络即时信息进行约会;63%的人认为,两个人即使永不见面,也可能在网络上建立起真实的关系。而在美国青年人中,相信网络情感真实性的只占 21%。这一新的媒介语境及生存方式,的确为社会转型时代的中国青年亚文化的创建和发展提供了一个全新的生存空间和表现舞台,中国青年亚文化在经历了"文革"时期的"地下活动"和改革之初的"地表活动"之后,终于被媒介技术的推手带入了"无限活动"的新阶段。当下,青年亚文化作为被互联网率先激活的文化类型,已借助新媒介全方位启动了自身的文化建设,并且情不自禁地成为文化与技术深度联姻的实验产品。

而从青年亚文化自身的交流系统来看,一方面,新媒介正在历史性地改写着青年亚文化与主流文化之间的关系;另一方面,新媒介对青年亚文化构成要素的技术重组和创建，催生了新型的表达方式。

以伯明翰学派为代表的传统青年亚文化理论基本上是先验地预设了青年亚文化对主流文化的抵抗性和依存性的双重特性。譬如，科恩对伦敦东区工人阶级子弟的研究揭示，青年亚文化对工人阶级母体文化表现出表面的拒绝或反抗，却又有内在的依存和继承。威利斯对嬉皮士青年亚文化的研究表明，青年亚文化与中产阶级文化之间始终存在一种“结构性对立关系”。克拉克依据对特迪文化的深入研究也发现，“亚文化作为一种非官方的文化形式，拼贴所产生的亚文化风格的意义就必然处于和统治阶级意识形态相对立的地位”。诸如此类的“抵抗”观和“依存”观诞生于前互联网时代，研究的是现实世界中的青年亚文化实践活动，而以此观点来观照和解读新媒介时代的青年亚文化，难免捉襟见肘，力不从心。新媒介时代的青年亚文化，往往更长于表征似乎完全属于自我化或虚拟化的感性世界，而不是公然地“抵抗”现实间存在的文化形态，更不愿意与父辈或权威文化发生正面的“冲突”；它们不仅抹去了横亘在主流和非主流之间的森严界限，隔断了主体与现实之间的人文关注，而且有时候还经常颠倒真实与虚拟的逻辑关系，将真实虚拟化、虚拟真实化。

我们必须意识到的是，出生并成长于网络时代的青少年群体，天生就与网络、手机等新媒介结缘，他们通过新媒介接受的信息和文化远远多于传统主流渠道，如大众传播媒介、学校教育、父辈传承。传统主流渠道对他们精神成长的影响或许将日趋式微。与此同时，他们通过琳琅满目的新技术和新媒介产品，如 iPad、智能手机、微博、社交网络、视频分享网站、在线游戏等，畅通地传递着自己创造的文化，在信息传播、交友、玩耍和自我表达的世界中追求自治与认同。于是，青年亚文化的实践活动最终成为一种自我宣泄、自我表现、自我满足的技术方式和文化意义,网络媒介的开放性、无中心性消解了现实世界中权威、主流、父辈等对青年加以掌控的可能性,或者说,网络媒介为青年亚文化的生成、发展提供了最为自由、宽松的逃避主流文化压抑的“庇护所”。

在青年亚文化构成要素的技术重组和创建方面,网络媒介以“数据”“图像”“多媒介视频”的技术特质为基础,创建了一个互动、复制、仿真和拟像的世界,一个全然不同于以往的世界。正如鲍德里亚所言,在模型、符码、符号建构的类像世界里,模型和真实之间的差别被销蚀,形象与真实之间的界限被内爆,人们从前对真实的那种体验以及真实的基础也一起宣告消失。新媒介的技术特征正在将众多非自然的、非真实的事项、文化和意义成分引入赛博空间,并且运用超文本或者超媒介的技术,为青年亚文化与外部现实世界的断裂创造出了一种“自然”的表现空间,遮蔽了人与现实真实关系的呈现,促成了青年亚文化表达方式的图像化转型。如此,即使在中国这样一个传统文化与现代、后现代多元文化并存的国度里,人与其创造出来的各种社会文化意蕴之间,也同样不再是传统媒介时代那种明晰的主客关联关系,或文化符号与现实世界的直接对应关系了,而是更多地通过图像符号的表征系统去消解原有的话语体系,用多媒介符号去解构既存的文化类型和文化理念。

在这种社会和技术语境条件下,中国当代青年亚文化便以空前活跃的姿态走上了网络空间的前台,而使传统意义上的青年亚文化类型迅速移位于后台,蜕变成了所谓前新媒介时代的过气文化遗存。如果说,新媒介、新技术果真如麦克卢汉所说的那样“构成了社会机体的集体大手术”,那么,毫无疑问,青年群体是这种大手术的率先操刀者。他们张开双臂,热情扑向新媒介,并借助新媒介、新技术来创造出属于自身的新的文化样式,青年亚文化在以互联网为基础的新媒介的激发下，正在如火如荼地燃烧。

二

以互联网为主体的新媒介对青年亚文化发展的影响力比此前几乎所有的媒介都要广泛、深刻和迅捷得多——这不仅包括影响到青年亚文化的多样性和传播方式，也包括它所提供的亚文化文本的存在形式和功能模式，还有亚文化生存、生长的整个生态环境和文化语境，这些都促成了青年亚文化的盛行。

首先，借助网络媒介的快速成长和迅捷普及，青年亚文化已经从相对封闭的"小众团体"走向开放的"普泛化"的整体青年社会。以计算机网络为代表的数字媒介，从开发之初就预设了兼容和平权的机制，技术的"傻瓜化"强化了"网络世界人人平等"的可操控性，而友好的计算机界面和人性化的网络空间，模糊了现实社会中身份、性别、收入、学历所带来的多重差异，最大限度地吸纳青少年群体的加入，激发了社会不同阶层青年群体参与文化创造的热情，从而让亚文化从传统的另类、小团体模式中突围而出，成为青年群体共同参与、共同分享的文化。与此同时，网络、手机等新媒介的普及以及信息资费的低廉化趋势，冲破了青少年使用新媒介的经济壁垒，更提供了亚文化生产、传播和共享的"普泛化"和"即时性"的媒介工具。

这里所谓由"小众"走向"普泛"，其实质就是使青年亚文化的话语权回归青年本体，尤其是将青年的媒介话语权交还给青年阶层。长期以来，青年是被基于成人价值观和世界观所建构的成人文化话语来强行描述，而不是由青年自己的语言来编码的。比如，芝加哥学派关注的工人阶级青年亚文化，伯明翰学派聚焦的中产阶级青年亚文化，以及对中国 20 世纪 80 年代以来的摇滚和地下纪录片的研究等，这些青年亚文化的研究，尽管也突出了青少年边缘化的问题，但由于研究者基本上是来自于中产阶级的成人学者，因此，他们难免将青少年群体传奇化，并且忽略那些真正意义上的"普通孩子"，从而使青年亚文化生产和传播被不同程度地圈定在某个阶层或者某个文化小圈子之内。同时，由这些成人学者的话语出发，青年亚文化往往被贴上类似这样的流行标签：主流派、非主流派、危险人物，等等。然而，网络技术传播重构的新公共空间却能够向几乎所有的青年群体，甚至向游离于亚文化圈子之外的青年人群开启，从而确立了青年亚文化的普泛化存在和传播。尽管目前网络青年群体基本上还囿于"都市青年""知识青年"，但也不乏"低知分子"和"打工族"，可以说，网络媒介青年亚文化的普泛化趋势是青年亚文化的一大进步，也是青年群体文化创造力的一次解放。这种由青年群体广泛参与的青年亚文化的意义，还在于它削弱了传统媒介镜像下和主流意识形态话语中关于青年亚文化的"道德恐慌"评价和"妖魔化"的叙述，也溢出了基于意识形态对抗和阶级斗争理论而对青年亚文化的界说和肯定，它们在更大的程度上是通过新媒介技术而自我界定、自我指涉并直接呈现，从而具有更多属于青年亚文化主体的言说权利。而这一事实当然也"逼迫"着青年亚文化主体言说之外的亚文化理论进行调适和修正。

其次，青年群体通过熟谙地使用新的媒介技术为自身赢得了更为广阔和自由的"书写"空间。比如，网络媒介所特有的虚拟性和匿名性，就为青年亚文化提供了表达的自由通路，而自由表达则始终是青年亚文化得以生产和传播的基本前提，它可以使青年据此克服青春期的怯弱、羞涩、拘谨和不成熟忧虑，不忌惮来自成人世界的监视和压抑，充分自由地去表达自我。毫无疑问，是新媒介为青年亚文化插上了自由的翅膀，为亚文化充分地享受自由、表达自由提供了无人可阻挡的强劲动力和安全表达平台。

再次，青年亚文化通过新媒介技术的多媒介、多兼容、多互动的诸种特性，突破了传统亚文化风格的表达惯例，获得了更自如的、多样化的表达方式，从而形成了独特的青年亚文化风格。在新媒介中，那些新的技术呈现和表达方式，比如，媒介由语言文字符号、声音符号和影像符号向综合的数字符号转变，致使文化的表达突破了对单一媒介的依赖，实现了青年亚文化表征符号的“脱胎换骨”。传统意义上亚文化的“符号”，主要体现在青年们的衣着方式、独特的言行风格以及所喜欢的音乐类型等方面。如赫伯迪格笔下的朋克族，“额上的卷发和皮夹克、小羊皮软底男鞋和尖头皮鞋、橡胶底帆布鞋和帕卡雨衣、摩登族的平头和光头仔的步伐、紧身瘦腿和色彩鲜艳的袜子、紧身短夹克和笨重的街斗钉靴，这乱糟糟的一切物体能够既‘各就各位’，又显得‘不合时宜’，这多亏有了惊世骇俗的黏合剂——安全别针与塑料衣、既令人畏惧又让人着迷的缚皮带与绳索”。而当下的青年亚文化主体却压根并不希冀借助这些出格的外在“行头”来表达亚文化的“风格”和意义，他们更青睐于使用网络媒介所带来的新技术手段和技术装置去表情达意，而将真实的主体形象以匿名的方式掩藏在赛博空间里。除了通过风格化的音乐表达自我外，更多的技术和手段随着网络媒介的发展被不断开发和利用，如 Flash 动画、在线游戏、动态相册、多媒介视频软件以及 MSN、QQ 等在线聊天工具、Twitter 和微博、搜索技术等。掌握这些技术的青年人不再拘泥于某一种表达方式，而是杂糅了文字、图像、影像、声音等多媒介手段，轻松自如地参与到亚文化的生产和传播中。

最后，与上一点密切相关的是，青年亚文化的文化类型也迅疾由单一走向多元，致使基于网络新媒介技术的青年亚文化类型层出不穷、此消彼长。当下，网络媒介上盛行的自拍文化、恶搞文化、迷文化、搜索文化、黑客文化、御宅族文化、游戏文化、同人女文化、Cosplay 文化等，无不寄生于网络，活跃于网络。而掌握了新媒介技术的一代青年人甚至以网络技术为“武器”，在自我与成人世界之间筑起一道自我保护的“高墙”。这种通过技术壁垒逃避和主动隔绝主流意识形态以及成人世界的文化钳制，在虚拟“高墙”之内演绎别样人生的青年文化态势，只有在网络技术时代才得以成为现实。

另外，新媒介的发展也促成了青年亚文化传播方式的根本改变。其中最突出的，是由单向传播转换成多向交互式传播，由滞后性传播转换成即时性传播，除此之外，青年亚文化实践活动和文本内容的便捷上传、下载和在线生成，传播者和受众角色的合成及互为转换，虚拟空间与现实社会的互动聚合，均从物质、时间、空间、技术等多方面突破了原有的社会和技术性藩篱，真正在青年亚文化中间实现了几乎是无障碍的传播。

三

毫无疑问，上述新媒介语境下形成的青年亚文化的存在和传播方式，已经赋予青年亚文化崭新的文化实践意义，其中，最典型的莫过于青年亚文化“抵抗”精神的弱化乃至失落，以及亚文化自身多样化与娱乐化、全球化与消费主义的特质，这些导致青年亚文化步入极具后现代特征的“后亚文化”时代。

一如鲍德里亚、利奥塔、哈维等声称的那样，后现代文化的一个重要特征是资本在全球范围内更深层次的渗透和均质化。这些过程同时也产生了更进一步的文化碎裂、时空经验的改变以及经验、主体性和文化的新形式。换言之，网络媒介的无深度感、暂时性、分裂性和全球化特征，促使在其基础上生成和传播的青年亚文化不再可能抵抗任何单一的政治体系、主流阶级和成年文化，他们甚至不同程度地弱化了这一文化的某些“抵抗”的特质。因此，如果依然在反抗/抵抗的层面上去认识网络媒介下的青年亚文化，便显得圆凿方枘、扞格不通了，因为我们所处的世界早已发生“裂变”，二元对立和某一主流文化始终居高临下的观念也已被多元文化观念所取代。

我们看到，新媒介语境中的青年亚文化特质，在传统的“阶级”和“年龄”之外，其可变因素也呈现出空前的多元性和复杂性，诸如身体、性别、种族、民族、时尚、图像等关键词，不断进入当代青年亚文化的内核和意义场域。也就是说，新媒介催生出的青年亚文化已经不再单单囿于某种风格鲜明而固化的文化类型，相反，许多特征明显不同的青年亚文化类型共时性地陆续呈现，甚至此起彼伏，随着时间的流逝，它们不断出现、繁盛，进而消失，终而复始，生生不息。青年人也不再仅仅将自己执着地归属于某一种亚文化类型，他们经常从一种亚文化类型转向另一种亚文化类型，或者同时属于几种亚文化类型，实际上建立起了法国社会学家米歇尔·马菲索里所说的“新部落”，即社会群体之间的识别不再依赖于阶层、性别和宗教等传统的结构因素，消费方式成为个人创造当代社交以及小规模社会群体的新形式，“新部落没有我们熟悉的组织形式的硬性标准，它更多地是指一种气氛，一种意识状态，并且是通过促进外貌和‘形式’的生活方式来完美呈现的”。这种新社交方式鼓励个人以不同的角色、性别、身份自由地参与多个流动的、临时的、分散的而非固定的部落，从而在部落之间动态地、灵活地定位自我。

事实上，不同阶层、教育、社会环境中的青年人总是分属于各种明显不同的群体，他们在观念、价值观和意识形态上都有着极大的差异性、多样性和异质性。恰如有着中国和加拿大双重血统的学者卢克所指出的，在后现代时期成长的青年，“大约要经历 16 到 18 个不同的世界……这就像是在不同文本的海洋里航行一样。每一个文本都试图将你定位、出卖你、定义你”，这样的青年亚文化样本和青年亚文化族群，在网络媒介时代，不仅出现在传统的亚文化音乐生产中，也频繁出现在听觉和视觉技术，譬如电影、影像、电视、数码、广告、流行文化中，所有这些媒介生产及其产品都渗透和塑造了青年亚文化的面貌，从而勾勒出“万花筒”般的青年亚文化面貌，正如默克罗比所评述的那样，“对表层的关注越来越彰显，意义被炫示为一种有意为之的表层现象”。

在这样的情境下，“抵抗”既模糊了着力的对象，也失去了明确的方向，娱乐的特性则得以放大。网络文学由“寓教于乐”转向“自娱娱人”，网络视频聚焦重心由“艺术作品”转向“现场直录”，网络语言由“精致合规”转向“生造逗乐”，网络图像被技术率性 PS，甚至，一切传统、经典、权威、主流的话语、作品和表达都面临随时被颠覆和解构的命运。一代青年对待权威的方式并不是公然抵抗和反对，而是采用拼贴、戏仿、揶揄、反讽的手段对其尽情调侃和讥刺，同时获取自我愉悦和狂欢。恶搞亚文化是最典型的范例，而其他在新媒介平台上活跃的文化类型，也无不充满着这种自娱自乐和无厘头的色彩。尽管这种娱乐化的过程往往不可避免地指向空洞和无意义，但是，我们必须看到，其对所谓主流、经典、权威的解构，依然凸显出文化心理的意义向度，那就是释放激情、缓解焦虑、宣泄不满、寻找自我以及个体和群体身份的认同。也因此，或可以说，新媒介语境下的亚文化在弱化了抵抗色彩和精神的同时，将抵抗的意义稀释于娱乐化的表达之中。

新媒介语境下的青年亚文化除了具有弱化抵抗、多元发展自身文化和偏重娱乐化的特质外，还显现出向全球化与消费主义妥协的趋向。贝斯利认为，处在晚期资本主义之后的后工业化社会中，有两大特征影响青年亚文化的生长和传播，“一是被跨国公司而不是被单一国家影响和主导的消费社会，另一个是被信息技术、媒介和服务行业而不是被旧制造业赋予特征的全球化社会”。众多跨国组织，包括微软、苹果、可口可乐、时代华纳等跨国企业，世界银行、联合国等国际政府组织以及绿色和平等非政府组织(NGOs)都在带动全球化进程，使诸如全球市场、商品化、消费、互联网、国际时装等日渐互相关联，甚至可能转向全球通用。与此同时，多元文化之间的差别和冲突在全球化进程中非但没有被抹平，相反，其因为交流的便利而变得愈益突出。然而，明显悖论的是，被企业控制的新媒介技术同时为弱势群体和个人提供了成本低廉、方便易得的传播场所，给了他们表达自己声音的极大机会。在网络新媒介世界中，谷歌、百度、MSN，QQ，Twitter，人人网、豆瓣、优酷在全球资本、商业利益和中国经济市场化、开放化的驱动下，为持有一台电脑及上网设备的或拥有一台联网手机的所有青少年人群提供了原创或传播自身文化信息的可能。同时，众多跨国企业还处心积虑地将青年群体视为最完美的消费者，他们从市场缝隙、人口和心理特征、生活方式等全方位地对青少年加以细分，如叛逆者、“80后”、“90后”、网购族、冲浪迷、背包族等，并着眼于这些团体成员的多重文化身份、欲望需求及购买能力，有预谋地、积极地去培养他们特定的消费习惯和价值观念，从而建构起庞大的青少年消费市场。

今天的青少年更多是通过消费和市场层面而不是传统渠道，如家庭、组织、学校来发现他们的身份和价值。其中，最典型的莫过于跨国公司在他们持续不断的广告运动中将消费身份和消费观念以各种炫目的手法植入青少年的认知和价值观中，从而消弭青年人在种族、阶级和性别上的区别，取而代之以时尚的风格、新的性别角色、新的认同、新的文化实践、新的家庭格局和新的社会团体，等等。事实上，今天的青年亚文化通过互联网络等新媒介的确能够更容易地了解外部文化，全球化的趋势也模糊了他们建立在不同国家、阶层、地域乃至性别基础上的青年亚文化特征。如果无视这一变化，我们将很难深入而准确地把握当今青年亚文化的本质。

四

新媒介技术促成的当代青年亚文化的盛行，意味着青年亚文化身份的“与时俱进”。但需要继续追问的是，新媒介语境中的青年亚文化能否真正延伸成为与主流文化交相辉映、互生互长的文化类型？新的青年亚文化能否为全社会的文化整合、文化调节与文化优化提供良性因子，从而有助于社会在追求民主、和谐中健康前行？

在某种意义上，青年亚文化似乎总是作为社会主流文化中的一种不和谐音而为世人感知，作为一种偏离常规的乱象而令世人侧目。新媒介语境下的青年亚文化也是如此，它每每引发社会的“道德恐慌”，它往往印证着“娱乐至死”的担忧，它总是以个人主义的张狂稀释着各种集体性的凝聚力，它还可能在疏离、越轨、颠覆的行为中，破坏规范，陷入意义的虚无……所有这些，昭示着文化的断裂、社会的失序，也呼唤着文化的调整。但是，所有这些如果仅仅将其作为对青年亚文化的指控，那便忽略了一个富有积极意义的观察视角——将青年亚文化置于文化整体构成及其变迁之中加以观察。

一个显而易见的媒介文化图景是，新媒介点对点传播、传受互动乃至传受合一的特性，都可能使同质青年亚文化的呈现强度加大加密，又使不同类型青年亚文化之间的交流、相融、再生更加便利。如此，多样化的青年亚文化不但丰富了新媒介自身的信息内容，也促使传统媒介和主流文化无法忽视网络上众多的亚文化实践及其文化符号和文化意义。事实上，网络虚拟空间中的青年亚文化实践活动正在成为传统媒介跟踪、聚焦、报道的重要内容。青年亚文化已经陆续登堂入室，进入主流媒介视野，引发主流媒介关注。仅以近两年为例，人肉搜索、网络雷词、山寨春晚、贾君鹏事件、犀利哥等亚文化现象，无不是经由传统媒介介入传播后成为影响整个社会的文化事件。同时，这些亚文化事件得以传播，也拓宽了传统主流媒介的传播口径，从而拓展了主流文化关于民主和宽容的理念。

不仅如此，新媒介语境下的青年亚文化实践，可能激发对主流文化的重新审视，丰富其内蕴，甚至促成新的文化整合。年轻人出于对动漫、游戏和卡通的痴迷，自制道具和服装，扮演自己喜爱的人物。这本是一种私下的个体的娱乐活动，随着国家产业结构的调整，文化创意产业被提上议事日程，Cosplay 也因此被整合进动漫产业链中，成为重要的内容之一。可以说，新媒介为青年亚文化新的生存方式提供了可能，它们既在网络世界兴盛并影响主流媒介、主流社会、主流人群乃至主流意识形态，同时，也在与主流媒介和主流文化的协调整合中进入主流，壮大自身。更进一步而言，这实际上涉及未来文化的可能性，即青年亚文化为文化的未来发展提供最初的动力、灵感和实验。现在我们可以说，个人计算机的使用绝对是一种主流的技术文化，但是，许多人恐怕忘了，这一计算机文化却是肇始于乔布斯等人当年充满理想色彩的黑客亚文化实践。

正是在这样的意义上，自 2005 年起，我们高度而密切地关注新媒介语境下产生的一系列青年亚文化现象，并在 2008 年国家社科基金立项的基础上，对此展开全方位的理论和文化实践类型研究。本套丛书所收录的“迷”“恶搞”“黑客”“御宅”“拍客”“网游”及“Cosplay”仅是青年亚文化中最为活跃、影响颇大的几种类型而已，不足以代表所有的青年亚文化，但借此研究我们希望唤起主流社会和大众媒介、传播和文化研究的学者乃至全社会的高度重视，希望大家能抱着平等而非俯视、理解而非误解、尊重而非排斥的态度，与青年成为朋友，真正洞察他们之后，再因势利导，而非先入为主，树敌在先。青年是未来，谁赢得青年，谁就赢得未来。与此同时，我们也渴望这些亚文化实践的主体人群能从我们的研究中有所得益，能透过好玩、消遣、娱乐的表象，认识到自身的文化实践对于自我、群体以及社会的意义和影响，从而保持源源不断的创造性和先锋性，以青年群体特有的方式，积极构建与主流文化的沟通和对话，为我们这个时代的文化创造和转型提供更多元的文化资源，为开放的文化生态贡献力量。

本丛书发起之初即得到苏州大学出版社原总编辑、现任清华大学出版社总编辑吴培华先生的高度重视，他参与了提纲讨论、书名斟酌、初稿审议等多次会议，为尚处于边缘状态的青年亚文化研究提供了良好的平台。丛书得以顺利进行，还得到苏州大学出版社副总编辑沈海牧先生和项目负责人李寿春女士的鼎力支持，他们以编者和读者的双重视野不厌其烦地审读书稿，提出了良多宝贵的修订意见。

本丛书编撰过程中，我们还在研究生和本科生中发起、组织了围绕“新媒介与青年亚文化”的两个系列学术活动，即“亚文化沙龙”和“读书部落”，在《苏州日报》开设每月一版的“塔影对话”。这些活动得到了年轻学子和社会公众的热情回应。他们中的一部分人积极地参与了课题调研和资料收集，协助编撰者做了许多基础工作，并贡献了自身作为这些亚文化实践参与者的体验和认知，帮助我们走近了青年亚文化活动的主体人群，他们的热诚和对本丛书的厚望令人动力倍增。

在我们参加相关的学术会议时，“新媒介与青年亚文化”课题研究和本丛书得到了学界诸多前辈和同仁的支持，首都师范大学陶东风先生和胡疆峰博士、浙江大学吴飞先生、北京师范大学蒋原伦先生、华东师范大学陆扬先生等都给予了无私的鼓励、帮助和指点，使我们获益良多。

希望本丛书的出版能引起学界对媒介与青年亚文化研究的更多关注，使这一领域结出更丰硕的成果。

马中红

于苏州独墅湖畔

目录

网络游戏是当代引领风骚的游戏。当它于21世纪初翩然降临中国的时候，让未经单机游戏淬炼的年轻人眼前一亮，他们于是迅速投入它的怀抱，从此开始了痴恋。这让网游商为之殚精竭虑，让家长为之愁肠百结，让国家为之欢喜为之忧，这个时代因为网络游戏而喧闹起来。

网络游戏的演化

网络游戏是游戏演化史上的当代产物，我们很自然地会问：游戏又是怎样演化的呢？这确是个难以回答的问题，因为亚里斯多德、弗洛伊德、约翰·赫伊津哈等哲学家发现，人类游戏时，动物们也在游戏。我们无法考证究竟是动物学了人类，还是人类模仿了动物。最后的结论是，游戏是人和动物与生俱来的本能。这好比数学中的公理，你无法也无须证明了。所以我们的溯源不讨论游戏是怎样演化的，而直接从什么是游戏开始。

什么是游戏

说起游戏，你可能会说这个地球人都知道，其实，你未必知道。为什么呢？我们来看词典中对“游戏”一词的解释。《新华汉语词典》对“游戏”的解释是“娱乐活动，某些非正式比赛项目的体育活动，如康乐球等也叫游戏”。《辞海》对“游戏”的解释详尽些，称游戏“是文娱活动的一种。分智力游戏（如拼七巧板、猜灯谜、玩魔方）、活动性游戏（如捉迷藏、抛手绢、跳橡皮筋）等几种”（第5条释义）。这两条释义告诉了我们“游戏”是什么，但都没有进一步告诉我们游戏与其他文娱活动的区别在哪里，正如对“人”的解释，不能只释解到人“是动物的一种”为止，还应进一步释解为“能制造工具的动物”。词典中的解释代表了大多数人对某一事物的认知，这说明大多数人对“什么是游戏”的理解还是模糊的。

真正理解游戏得从两方面进行思考，一是游戏作为文娱活动的特征，二是游戏与其他文娱活动区分开来的特征。康德认为游戏的区别对象是劳动，他说：“（游戏）即一种本身就使人快适的事情而得出合乎目的的结果……劳动，即一种本身并不快适而只是通过它的结果吸引人的事情，因而强制性地加之于人。”[1]虽说这句话在《判断力批判》一书中是用来说明艺术与手艺的区别的，但也能看出，康德认为游戏的特征是自由、无外在目的和追求快适。与康德有所不同，弗洛伊德认为：游戏的对立面不是真正的工作，而是现实。[2] 现实中未能实现的愿望，就成了幻想，游戏是幻想的产物，人通过游戏获得幻想的实现。弗洛伊德进一步说：“我们很容易把愿望分成两大类。它们要么就是野心，使具有野心的人激越；要么就是属于色欲。”弗洛伊德的观点看似与康德所说的游戏无外在目的、追求快适的观点相抵牾，实则深化了这两个特点。无外在目的的意义之一是康德所说的人从游戏本身，而不是从游戏之外获得愉悦，之二是弗洛伊德所述的人通过游戏获得愿望的满足，这一满足是非现实的。追求快适在康德的学说中指获得审美的愉悦，弗洛伊德则进一步分析了是因为游戏能满足人的幻想，所以令人愉悦。从这两个特点，我们会发现游戏具有相对性，它会因主体目的性不同而改变性质。如篮球、足球运动是游戏，但当美国男子职业篮球联赛（NBA）和足球俱乐部的明星们以此博得财富、名誉时，篮球、足球运动于他们而言就不再仅是游戏了。

游戏除了无外在目的、追求快适的特点外，还有自由这一特点。

游戏除了无外在目的、追求快适的特点外，还有自由这一特点。自由指主体有自愿参与和退出游戏的权利。“参与”和“退出”二词揭示了游戏隐含的一个特点：游戏是交互活动。马歇尔·麦克卢汉也说：“无论是生活中的游戏还是轮子中的游戏，都包含相互作用的意义。必须有来有往，或者叫对话，正如两个以上的人之间和群体之间的关系一样。”[3]游戏的交互体现在两方面，一是人与人的交互，如我们熟悉的老鹰抓小鸡、丢手绢、

---

〔1〕 康德.判断力批判.邓晓芒，译.北京：人民出版社，2002：147.

〔2〕 弗洛伊德.论创造力与无意识.孙恺祥，译.北京：中国展望出版社，1987：42.转引自董虫草.艺术与游戏.北京：人民出版社，2004.

〔3〕 麦克卢汉.理解媒介.何道宽，译.北京：商务印书馆，2000：298.

捉迷藏等游戏，它们的乐趣就在于多人互动；另一是人与物的交互，如儿童喜爱的旋陀螺游戏，其乐趣之一在于儿童要陀螺旋起来，而陀螺会停下来。两种交互类型中，人与人的交互总是更有乐趣些。儿童一个人在空旷场地或室内旋转陀螺，他们梦想的却是通过练习，自己的陀螺在陀螺大赛中旋转的时间最长。滚铁环、打靶等游戏的体验也如是。

分析至此，我们发现，我们还只是分析了游戏作为文娱活动的特征，并不能将游戏与其他娱乐活动区分开来。如热恋情侣为求乐趣，相约影院看电影，观影中，他们在内心与片中人物发生简单的交互活动。这符合自由、无外在目的和追求快适的特点，但大多数人只把看电影当成娱乐活动，而不会视其为游戏。我们的生活体验告诉我们，游戏与其他娱乐活动是有区别的，但这区别在哪儿呢？从孩童时的游戏体验上去考察，我们会发现，孩童游戏，如老鹰抓小鸡、捉迷藏、旋陀螺等，都有一套竞赛机制：老鹰要抓住小鸡，小鸡要避开老鹰；寻者要找到藏者，藏者要匿身密处。一方的胜利总伴随另一方的失败，游戏有时会让玩者皆大欢喜，但游戏中绝不会双方胜利。我们以此反观成人游戏，会发现它们同样具有竞赛机制。划拳、棋牌、非职业体育运动等的竞赛特点不必赘言，电子游戏的竞赛特点虽稍有不同，是人与机器的竞赛，但终究也还是竞赛，人要通过险途、克服难关，机器中的路障或虚拟的怪物总让人一路逆风。这些体验告诉我们，游戏与其他文娱活动的区别在于它有一套竞赛机制，这套竞赛机制通过一定规则确保竞赛公平。

游戏规则除保证公平外，还须使游戏者愉悦或获得未实现愿望的虚拟满足，因此，游戏规则须在现实与非现实间达到最佳平衡。划拳游戏的规则是视行酒者所喊之数与双方伸出的手指数之和是否相符，相符则胜，不符则罚酒。这一规则是小学数学知识的延伸，可确保双方得胜率相同。划拳游戏的非现实性体

游戏规则需在现实与非现实间达到最佳平衡。

现在喊数上：零不能喊成“零”，须喊“宝”，一、二、三、四、五、六、七、八、九、十须分别喊成“一心敬”、“哥俩好”、“三星照”、“四喜财”、“五魁首”、“六六顺”、“巧到七”、“八仙过海”、“快喝酒”、“满堂红”。这一规则让游戏者获得简单的友谊、喜庆、财富的满足。电子游戏的规则也如此，只不过其非现实性更美妙些。如单机游戏《波斯王子》让玩家化身为波斯王子，飞檐走壁，只身于万敌之中救哥哥。这能让人满足当英雄的白日梦。但波斯王子也有凡人的一面，他受伤后会体弱，他需要休息，他从绝壁上摔下会死亡。这一规则让玩家感觉波斯王子是真实的，从而觉得白日梦也是真的。任何成功的游戏的规则都须介于现实与非现实之间。绝对现实是没有乐趣的，曾有个美国人开发一款驾车游戏，沿途没有风景，也没有深坑路障，玩家唯一要做的事就是如真实世界一样驾车。令人叫绝的是，从甲地到乙地需三个小时，游戏也得三个小时。这款游戏由于太过乏味，结果乏人问津。当然，绝对非现实也没有意思，让你化身为无敌金刚，杀个怪物像吹毛，万敌之中救人像拎起一根稻草，你愿意玩吗？

每一游戏规则都制造着一个游戏世界，这个世界能让游戏者实现或野心、或色欲等的幻梦。规则被打破，游戏世界也就不复存在。按对游戏规则的遵循程度，游戏者被分成三种：玩家、作弊者与搅局者。玩家指完全遵循游戏规则的人，作弊者指部分地遵循游戏规则的人，搅局者是无视游戏规则的人。如捉迷藏游戏，作弊者趁藏者匿身秘处时，偷偷出来窥视，然后不费吹灰之力找到藏者。搅局者是寻者找他时，他直接跳出来。这两种人中，“社会对欺骗者的宽容大大超过了对搅局者的宽容。这是因为搅局者把游戏世界砸得粉碎”[1]。上述例子中，作弊者一定程度上承认捉迷藏游戏有乐趣；而搅局者则以他的行为显

〔1〕 约翰·赫伊津哈. 游戏的人. 何道宽，译. 广州：花城出版社，2007：13.

示着捉迷藏游戏的无意义。这一论断在网游玩家对待外挂(根据网游程序编写的第三方软件。使用外挂时,玩家可无往而不胜)的态度上也得到印证。外挂一出,一切灰飞烟灭。它宣告其他玩家对操控技巧日锤月炼、对神器孜孜以求的无意义。这使外挂成为网游运营商和玩家深恶痛疾的对象。

外挂:根据网游程序编写的第三方软件。使用外挂时,玩家可无往而不胜。

游戏规则中值得我们注意的还有时间与空间的局限。赫伊津哈说:"游戏是在特定的时间地点范围内'进行'的。"游戏的时间局限指游戏的物理时间有始和终。实体游戏,不论是儿童游戏还是成人游戏,不可能会永远进行下去;电子游戏不管怎样开发,也会有终期。有意思的是,"一旦玩过之后,这个游戏就作为一种创新的心灵形式保存下来,就成为记忆中的珍藏"。[1] 罗大佑的《童年》说"等待着下课,等待着放学,等待着游戏的童年",成年后,童年游戏也许不再玩了,但它们永存心底最温柔的地方,从文化意义上说,游戏的时间又是没有限期的。游戏时间的没有限期还体现在游戏的可重复操作上,如大学期间,经常与同学在绿茵场上挥汗如雨,奔跑狂喊;工作后,他们可以再聚首,旧梦重温。游戏的空间局限体现在游戏总在特定场地进行,如划拳须在酒场,踢足球须在足球场。游戏空间规则将非游戏对象排开,使游戏成为同类人的聚会。空间要求越高,游戏就会成为越少人的交流平台,如高尔夫游戏,其对场地面积、绿化覆盖率等都有严格要求,这使得高尔夫成为上流社会的象征;空间要求不是很严格,游戏就会成为大众的娱乐,如我们日常的扑克牌游戏,几乎随时随地都能展开,大众都能参与进来。游戏的空间要求与游戏规则的繁复程度共同体现着该游戏或高雅、或平俗的面貌,如桥牌游戏,其对空间要求不是很高,但要求团队合作、知道数的排列组合规律,且运气不是

〔1〕 约翰·赫伊津哈.游戏的人.何道宽,译.广州:花城出版社,2007:11.

游戏获胜的主要原因，这使得桥牌被普遍认为是高雅游戏。

渐行渐远的街机游戏

游戏是自愿参与的、无外在目的的、遵循一定竞赛规则的、旨在获取快适的活动。

游戏是自愿参与的、无外在目的的、遵循一定竞赛规则的、旨在获取快适的活动。游戏要遵循一定竞赛规则是游戏与其他文娱活动的区别所在。实体游戏要求游戏人在一定时间、空间内聚首，玩家能否参与游戏以其他玩家能否同时间、同空间参与游戏为前提，这让一些希望按己所愿地玩游戏的人感到不快适。为满足这一需求，电子游戏应运而生。电子游戏在当代有多流行？我们去百度、谷歌搜索“游戏”，会发现显现的链接绝大多数是关于电子游戏的。电子游戏是如此流行，以至于百度百科的“游戏”词条有一释义：游戏在当代又指电子游戏。一个时代、一个地区流行什么游戏，往往反映这一时代、地区的生活方式。古罗马崇尚角斗游戏，这反映古罗马时代是一个以力为美的时代；沈从文的《边城》中天保与傩送以山歌竞追翠翠，这反映这一地区人与自然和谐相融。当代流行电子游戏，这反映这一时代是个注重感官享受的时代。为什么这么说呢？我们可先看看曾经流行的街机游戏。

记忆中的街机。机体操控游戏、框体投币是街机的鲜明特征。

20 世纪 90 年代，无论城市还是乡镇，随处可见规模或大或小的游戏厅，厅内一排排游戏机，人头攒动。这种放在公共娱乐场所的经营性的游戏机器就是街机，街机游戏就是在街机上运行的游戏。

最早的街机游戏是美国的诺兰·布什奈尔在 1971 年研发的《电脑时空》(Computer Space)。当时美国流行“弹珠”机械游戏，“弹珠”游戏带有一定的赌博性质，玩家以金钱购买弹珠的数量，如果弹珠落在规定位置，会获得相应的奖励，“弹珠”游戏后来发展成我们熟知的“老虎机”。诺兰·布什奈尔从弹珠游戏上获得灵感，将游戏平台设置为两个部分，一为黑白显示器，另一为投币口。《电脑时空》游戏内容比较简单，两位玩家各自控制一艘太空战舰向对方发射导弹攻击，战舰围绕着具有强大引力的星球，两艘战舰在战斗时须同时克服星球引力和躲避对方的导弹。这款游戏投入商业运营后，由于问津的玩家太少，最终以失败告终。《电脑时空》在街机游戏史上的价值在于它确定了街机分为机体和框体两部分的结构。机体是街机的主体，它显示游戏和操纵游戏；框体有一投币口，使商家获利。此后街机游戏的发展也是沿着这两方面进行的，一是游戏画面、场景、声音、玩法，另一是游戏运行的平台。

1978 年，日本 Taito 有限公司的游戏设计师西角友宏研发出《太空侵略者》(Space Invaders)。这款游戏有了故事情节。玩家操纵太空飞船，在外星侵略者横行的太空中进行一系列的反抗行动。其操作也更为丰富，玩家可以左右平移太空船，发射导弹，还能躲在掩体后。并且有了奖励机制，玩家击毁外星侵略者的飞船会获得分数，游戏以记分方式让玩家获得成就感。这款游戏在日本、美国都获得巨大成功。这款游戏 20 世纪 80 年代进入中国后，也获得了我国青少年的青睐。《太空侵略者》对街机游戏史的贡献主要体现在内容上，它使游戏故事化，并增加了奖励规则。从此，街机游戏开始有了自己的魅力，此后的游戏公司将研发重点放在如何让玩家获得更为不同的游戏体验上，其中的代表是日本的 SNK 公司。1986 年，SNK 公司在其《雅典娜》街机游戏基板(存有游戏程序的覆铜箔层压板，相当于现在的游戏软件)中加入自行研制的声音芯片，用来播放由当时知名女偶像歌手演唱的游戏主题曲。在后来的《古巴英雄》中，SNK 第一次推出“乘物”系统，玩家可以搭乘坦克来攻击敌人。20 世纪 90 年代，SNK 又在《龙虎之拳》中第一次引入“超必杀技”概

游戏基板：存有游戏程序的覆铜箔层压板，相当于现在的游戏软件。

“乘物”系统，玩家可以搭乘坦克来攻击敌人。

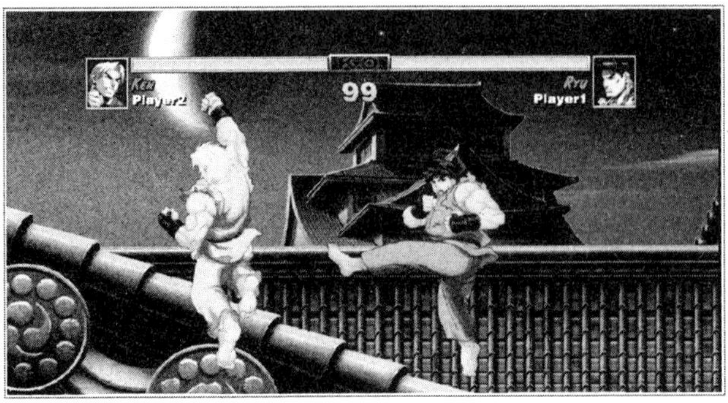

《街头霸王 2》中的格斗场面。它以清新的画面、个性的角色和玩家对决的模式征服了美国、日本和中国的玩家。

念，在《饿狼传说 2》中设置前冲和疾退指令，在《拳王 94》中首创 3 对 3 组队格斗系统。SNK 推出的每一款街机游戏，几乎都能给玩家一个全新的体验。

街机游戏的集大成之作是日本嘉富康(Capcom)公司推出的格斗游戏《街头霸王 2》。1989 年，嘉富康推出的《街头霸王》在日本反响平平，但在美国，这款游戏却获得玩家的追捧，美国运营商要求推出《街头霸王》的后续产品以满足市场需求。于是，嘉富康公司决定研发《街头霸王 89》。由于诸多原因，《街头霸王 89》直至 1991 年才正式面世，于是嘉富康公司将游戏更名为《街头霸王 2》。这款游戏中有 12 名个性鲜明的角色任玩家选择，如我们熟知的苏联大胖、印度长手、抓耙女郎、海军上校等，玩家既可两人格斗，也可以与机器对决；每一种模式的格斗都会随机出现街头、港口、广场等场景，场景中有来往的行人，有围观的看客；游戏将以往格斗游戏的上、下两路攻防扩展至上、中、下三路，令玩家心动神摇的是每一角色都有一伤害力极高的必杀技，必杀技没有快捷按钮，须在 1～2 秒的时间内以一定顺序操作控制杆和数个按钮才能施放。此外，《街头霸王 2》中的角色言语、技能施放音效、背景音乐等也非常契合格斗场面。《街头霸王 2》在游戏的画面、场景、玩法、音效上为其他游戏的研发树立了标杆，此后的游戏公司都在它的水平的基础上推陈出新。遗憾的是，很少有其他街机游戏能获得玩家如对《街头霸王 2》一般的喜爱。

这段时间内，街机游戏不仅画面、声音、场景日臻华美，玩法日益繁复，而且类型也越来越多。20 世纪 80 年代流行的是动作类游戏（Action Game，简称 ACT）和射击类游戏（Shooting Game，简称 STG）。我们熟知的《三国志之赤壁之战》、《恐龙快打》、《铁钩船长》是动作类游戏，《雷龙系列》是射击类游戏。这两类游戏往往有正邪对立的双方，扮演正方的角色以动作或射击通过敌方一道比一道难的关卡，最终除掉邪方首领。随着《街头霸王 2》在街机游戏世界的粉墨登场，格斗类游戏（Fighting Game，简称 FTG）在 20 世纪 90 年代成为玩家青睐的又一游戏类型。格斗类游戏既可玩家与玩家对决，也可玩家与机器对决。与动作类游戏和射击类游戏不同，格斗双方无正邪之分，玩家比拼的是谁更能适时适地地操控角色。经典格斗游戏除《街头霸王》外，还有《拳皇》、《格斗之王》等。至 20 世纪 90 年代初期，街机游戏已呈现动作类、射击类、格斗类游戏三足鼎立的局面。从这时开始，街机游戏又陆续出现赛车、体育运动、跳舞、音乐等类型。这类游戏带给玩家别一种体验，像赛车、跳舞游戏，不只强调玩家的手控能力，还强调玩家的体控能力。为让玩家获得更丰富的游戏体验，这些游戏的载体也有相应的改变，如赛车游戏机分巨大屏幕和模拟车体两部分，车体以数据线与显示屏连接，玩家坐在模拟车体内，眼盯屏幕，以手、脚控制车速或绕开路障，另如跳舞、射击游戏机也类似。这些游戏类型中，玩家最喜爱的还是前面三种，一些以“记忆深处的街机游戏”、“经典街机游戏，你玩过几个”、“回忆影响一代人的经典街机游戏”为题的论帖所列举的街机游戏，绝大多数都属于前三种游戏类型。[1]

从街机游戏发展的概况中我们可以看出，街机游戏是日本

〔1〕 详细街机游戏名单见《回忆影响一代人的 Capcom 街机经典大作》（来自腾讯游戏频道）、《经典街机游戏，你玩过几个》（来自铁血网）、《小时候记忆深处的经典街机游戏》（来自天涯社区）等论帖。

游戏公司的天下。其实，除 Taibo、SNK、嘉富康公司外，日本还有任天堂、Seibu 等公司推出过风靡世界的街机游戏，如我们熟知的《大金刚》及其续作《马里奥兄弟》出自任天堂，《雷电系列》出自 Seibu。因为这些作品在街机游戏史上的意义不及前述作品重大，所以不重笔叙述。

中国在街机游戏史上并没有留下什么划时代的作品，连以功夫明星成龙为角色的街机游戏《成龙传说》都是日本公司开发的，街机游戏于中国完全是舶来品，舶来的路线是日本—中国香港—中国大陆。20 世纪 80 年代，街机游戏首先在中国沿海地区流行开来，然后蔓延至内地。20 世纪 90 年代，街机游戏在中国的流行达到高峰，城市闹区、郊区，甚至乡镇小巷都可见游戏厅，游戏厅内的游戏类型也与日俱增，游戏类型出现的顺序与街机游戏的发展顺序相同：动作、射击、格斗、赛车、跳舞、音乐游戏。有意思的是，当时游戏厅内还出现了国产麻将游戏及少儿不宜游戏。除这些游戏外，还有永占游戏厅一席之地的老虎机，老虎机虽为国家所明令禁止，却是屡禁不止。

街机游戏在 20 世纪 90 年代能流行大江南北与当时的娱乐环境、游戏本身有关。当时的在校学生及社会青年，很难看到电影，电视只能接收几个频道，且节目时长、质量都不尽如人意。街机游戏易于操作，只要知道操纵杆的作用是调整方向、按钮的作用是施放技能就可进行游戏，且游戏画面逼真，声音契合背景，故事离奇，游戏过程紧张、刺激。所以，街机游戏自 20 世纪 80 年代进入中国后，很快就掳获了年轻人的心。年轻人在街机游戏上获取的乐趣的大小以一枚游戏币与机器抗衡时间的长短来衡量。抗衡时间越长，玩家觉得自己驾驭机器的时间越长，越易获得自己控制机器、控制商家的快感。当一枚游戏币通过全关时，玩家还能得到另一种乐趣：炫耀性展示。游戏厅是公共娱乐场所，能以一枚游戏币通关的玩家，周围往往会有一群钦慕者

年轻人在街机游戏上获取的乐趣的大小以一枚游戏币与机器抗衡时间的长短来衡量。

围观。街机游戏的内容都是机器设置的，没有私密信息，因此，街机游戏高手不反感围观，他在围观者的崇拜中眩晕。靠狂砸游戏币通关的玩家是没多少围观者的，因为那不是高手，那是暴发户，是莽夫。一些网站上回忆街机游戏的论帖，在叙述值得回忆处时，大都不离上述两点。如游民星空网(www.gamersky.com)一篇《青春热血不朽，回忆年少时那些经典街机游戏》的帖文开头：

> 你还记得第一次走进街机厅时的情景吗？你有过被老妈拎着耳朵赶出街机厅，几分钟后又杀个回马枪，继续在按钮和摇杆上忙得不亦乐乎的经历吗？你是否曾经视街机厅中那力挫数人而未尝一败的高手为心中偶像呢？如果你的回答是肯定的，那么你一定是“80后”。是的，街机是属于“80后”童年时代的美好回忆。现在“90后”的幸福花朵们，似乎有大半都不知街机厅为何物了。那是个对街机游戏痴迷不已的时代，对那时的“80后”来说，简陋的街机厅是世界上最温暖的房子，小小的游戏币是世界上最珍贵的东西。

21世纪，街机游戏已成回忆，曾经随处可见的游戏厅难觅影踪。其中缘由依然归结于娱乐环境与街机游戏本身。21世纪，国内媒体空前发展，电影业已渐成气候，电视频道多得你看不过来，尤其是互联网发展迅速，使人足不出户就可看碟、听歌、玩游戏。反观街机游戏，它虽在一定程度上摆脱了时间的局限，但需要玩家走出家门才能娱乐。街机游戏的内容也比较简单，为节约成本和使运营商获利，动作、射击类游戏一般只有8关，格斗类游戏的角色在12个以内。更为糟糕的是游戏厅的维护。为获取酣畅的游戏体验，玩家会不停地使用控制杆和按钮，不用多长时间，控制杆、按钮就会失灵，出于成本考虑，运营商往往要到二者完全失灵时才予以更换。这让玩家经常出现操作失误的现象:你让角色跳跃,它原地不动;你施放绝技,它不理不睬。这种糟糕体验几乎是每位街机游戏玩家都遇到过的。除硬件更新慢外,街机游戏软件更新慢也是遭玩家诟病最多的。在游戏已有新版本时,运营商很少会及时更新游戏,即使更新,出于商业考虑,新版本有时反不如旧版本,如大家钟爱的《三国志之赤壁之战》,里面的张飞会直拳冲击的绝技,一拳下去,小兵血肉横飞,BOSS 头无踪;但在其新版本《三国志之三剑圣》中,每关都有杀伤力极强的宝剑、宝刀,三刀下去 BOSS 就死翘翘,张飞根本无须施放直拳,这让游戏过程索然寡味。出于这两个原因,很多游戏玩家纷纷换游戏走人。

在街机游戏江河日下的当代,街机游戏开发商纷纷寻求街机游戏新的发展方向,他们采取的策略主要有两种,一是改弦更张,将街机游戏融入新媒体。采取这种方法的主要是拥有一群忠实玩家的经典街机游戏商,如《街头霸王》、《恐龙快打》、《马里奥兄弟》等都推出了硬盘版。另一是固守街机阵地,走高端路线。"固守"指这类游戏依旧保持机体、框体的结构,同时需要玩家走出家门(私人购买放在家玩另当别论),具体地点并不拘泥于游戏厅。如香港研发的一款赛车街机游戏,其与早期赛车街机游戏的最大区别在于,当车遇到险途或路障时,车体有真实的震荡感,晕车的玩家甚至有晕车反映。这类游戏思考的是如何让玩家获得别一种体验。可惜的是,这类游戏机的软硬件成本都比较高,且对玩乐场地有特殊要求,所以局限于小众范围。

街机游戏渐行渐远的脚步并不会停留,它留给我们的,是一个时代的背影。

其实,不管街机游戏商如何应对新变化,也不管曾经的少年如何温暖地回忆游戏厅时光,在操作更便捷、体验更新颖的游戏登场的当代,街机游戏渐行渐远的脚步并不会停留,它留给我们的,是一个时代的背影。

多栖的单机游戏

单机游戏是在一台计算机或其他游戏平台上就能独立运行的游戏。这样的定义可能还难以让我们明白究竟什么是单机游戏,如街机游戏也可在街机上独立运行,但街机游戏并不是单机游戏。因此,想要真正地了解单机游戏,就有必要将它与街机游戏、网络游戏进行对比。单机游戏与街机游戏最大的区别在于前者的空间、时间局限更小,玩家无须去游戏厅,无须照游戏厅的开放时间玩游戏。单机游戏与网络游戏的区别在于前者无须接入互联网就可以运行。

单机游戏是在一台计算机或其他游戏平台上就能独立运行的游戏。

单机游戏的早期形式是家庭电视游戏。1983 年,日本任天堂公司推出 FC(Family Computer,简称 FC)游戏机,在香港又称"红白机"。红白机分为两部分:主机与游戏卡。主机处理游戏进程、画面、声音等信息,并附带游戏控制器;游戏卡提供游戏软件,不同游戏需要不同的游戏卡。主机与游戏卡的关系类似于录像机与录像带的关系。红白机并不带显示器,须外接电视机。电视游戏的开发也从游戏主机和游戏软件两方面展开。任天堂公司当时的策略是自己研发游戏主机,联合第三方公司开发游戏软件,为主机提供内容。任天堂的合作伙伴是日本的科乐美(Konami)公司,这家公司推出的《魂斗罗》、《沙罗曼蛇》、《恶魔城》、《赤色要塞》和任天堂自己的《马里奥兄弟》是当时游戏卡中的主要游戏。

任天堂的红白机。它实现了人们于家庭电视机上玩游戏的愿望。

红白机以其便捷性获得了世界游戏玩家的喜爱,这让任天堂成为当时最负盛名的游戏公司。随着电脑技术的发展,红白机在 20

世纪80年代末显现出它的缺陷。红白机是8位微处理器机，板载内存2KB，最高支持分辨率256×240，能显示52色中的13色，音效差强人意。针对这一情况，日本的世嘉公司(SEGA)于1987年率先推出16位微处理游戏机MD(Mega Drive，简称MD，可译为强力驱动)，随后，日本电气公司(Nippon Electric Company，简称NEC)也推出了自己的16位微处理游戏机PC-Engine。16位微处理游戏机的内存为736KB，支持分辨率为320×224，能同显61色，有立体声音效。除此外，这两款游戏机还以光盘存储代替游戏卡。这两款游戏机推向美国后，立即以其更上一层楼的优势获得了美国成年游戏玩家的喜爱(青少年市场已为任天堂公司垄断)。这一时期，任天堂还沉醉在红白机的巨大成功中，直至1989年，任天堂才决定联合索尼开发16位微处理器的超级红白机(Super Family Computer，简称SFC)。索尼认为光盘的存储量大，建议在超级红白机上以光盘存储取代游戏卡，并提出让自己获得游戏光盘软件的部分利润，由于双方对利润分配方式意见不一致，最终不欢而散。[1] 1990年，任天堂在日本推出超级红白机，上市当日，日本家长排队为孩子购买超级红白机。在北美市场，虽说世嘉与日本电气公司较早开拓16位微处理游戏机的市场，但任天堂凭借红白机积淀的玩家基础和经典游戏《马里奥兄弟》和《萨尔达传说》，也占据16位游戏机市场的不俗份额。

索尼与任天堂分手后，并没有告别游戏市场，它自行研发32位微处理游戏机，并于1994年推出了家庭游戏主机的一代天骄——PlayStation(简称PS)。这款游戏机的内存达到26MB，最大分辨率为640×480，色彩显现与声音效果也远超16位微

---

〔1〕 LU六段音速.纪念15周年，PlayStation是怎样炼成的.多玩游戏网(www.duowan.com)，2009.

处理器游戏机。凭借索尼公司卓越的内容生产能力和优秀的营销推广手段，PlayStation 在日本、欧洲、美国都获得了大众的喜爱，至 2004 年 11 月，PS 已在全球售出 1 亿台。2000 年，针对电脑运算能力快速提升、游戏内容日益复杂的现状，索尼推出了 PlayStation2。这款游戏主机的图像、色彩、声音、游戏进程呈现能力比 PS 更胜一筹，同时，这款游戏主机的光驱可读取 DVD 格式的游戏。针对 PlayStation 在游戏主机领域的汹涌之势，2001 年 9 月，任天堂在日本推出了 32 位微处理器游戏机 GameCube，这款游戏主机采用松下公司专制的游戏光盘。PlayStation2 与 GameCube 都成功地进入美国市场，美国的一些游戏公司也渴望能在家庭游戏主机市场占一席之地。2001 年 11 月，微软在美国推出它的 32 位微处理器游戏机 Xbox。与前两款游戏主机相比，Xbox 的硬件性能更为卓越；同时，为获取市场份额，微软不惜以低于成本的价格销售 Xbox。为给玩家提供更好的游戏感受，微软又在 2002 年推出 Xbox Live 在线游戏服务，此服务可提供多人联网游戏、语音在线聊天、玩家积分排行榜等。由于 Xbox 性能卓越，微软财大气粗，Xbox 很快就在家庭游戏机市场站稳脚跟，微软也成为与索尼、任天堂旗鼓相当的游戏公司。

后续年份内，微软、索尼、任天堂都投入巨资研发新一代游戏主机，以抢占家庭游戏主机市场。2005 年 12 月，微软推出 Xbox360，采用 IBM（International Business Machine，简称 IBM）公司生产的三核 Xenon 处理器（核心技术为 45 纳米），ATI（Array Technology Industry，简称 ATI）公司生产的显卡，同时内嵌有线上网设备，可接入微软的 Xbox Live 服务器。此外，Xbox360 还具有定时功能，家长可限制孩子的游戏时间和游戏内容。这款游戏主机推向市场后，以优秀的游戏运行效果和画面、声音呈现能力红遍北美市场，至 2011 年 3 月，Xbox360 已在全球销售

4290万台。在新时代家庭游戏主机市场,索尼与任天堂公司并没有任微软宰割。2006年11月,索尼公司推出PlayStation3,这款游戏主机的独家卖点在于采用蓝光光碟作为游戏光盘(它也可以向下兼容DVD、CD光盘)。针对网络化的现状,索尼公司也推出了自己的网上服务:PlayStation Network(简称PSN),它与Xbox Live强调玩家的互动有点不同,玩家通过PS3的有线连接,可以在PSN平台上下载以往的PS游戏,后来,PSN上又加入了电影、电视节目等资源。PS3与Xbox360都宣称自己的游戏主机不只是可以玩游戏,还可以看碟、听歌、交友。与这两家欲抢占更多家庭娱乐市场的意图不同,任天堂则固守游戏领地。2006年12月,任天堂推出了它的家庭游戏主机Wii。Wii以体感控制为卖点,Wii主机有一个配套的红外线接收器,它会捕捉玩家的身体动作,然后转译成控制信号。Wii后来也推出了自己的网上服务平台,玩家可以在上面下载任天堂的经典游戏。体感控制给游戏玩家带来新鲜体验,任天堂由此首先占领了家庭体感游戏的市场。为不失去体感游戏市场,索尼和微软后来也分别推出了自己的体感游戏控制外设Move棒和Kinect。

PS3与Xbox360都宣称自己的游戏主机不只是可以玩游戏,还可以看碟、听歌、交友。

掌机是掌上游戏机的简称,它将游戏的空间扩展至游戏厅和家庭以外。

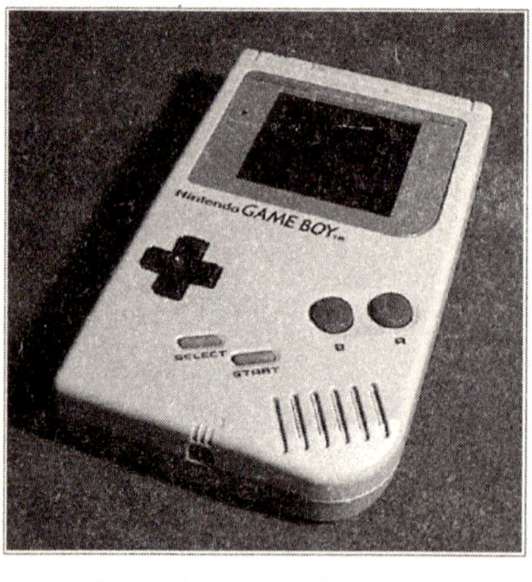

任天堂的"游戏男孩"掌机。它将游戏空间扩展至游戏厅和家庭以外。

上述是单机游戏的栖身方式之一,即家庭游戏主机。单机游戏的栖身方式之二是掌机。掌机是掌上游戏机的简称,它将游戏的空间扩展至游戏厅和家庭以外。第一代掌机是任天堂公司于1989年推出的"游戏男孩"(Game Boy)。"游戏男孩"的显示屏与主机融为一体,其操作按钮醒目地处在掌机的外壳上,这从外观上确立了掌机的标准,也使掌机与家庭游戏主机区分开来。"游戏男孩"内嵌游戏卡。同家庭游戏主机一样,一台“游戏男孩”可使用多张游戏卡，其中最受欢迎的是我们熟知的俄罗斯方块游戏卡。“游戏男孩”刚推出时，有砖头大小，显示屏为黑白色，内存也很小。随着人们需求的提高以及技术的进步，任天堂在随后的年份内陆续推出了便携式、背光屏幕式、彩色型、可接入电视型等掌机。“游戏男孩”是任天堂最畅销的掌机，至20世纪末，其全球总销售量已超2亿台。

2004年12月，索尼推出了它的掌机PSP（PlayStation Portable，简称PSP），这款掌机的屏幕有4.3英寸，有单独的音频、图像处理器，采用索尼自行研制的“通用媒体光碟”（Universal Media Disc，简称UMD）为游戏存储媒介。虽说早期PSP上的游戏都是PS或PS2上的游戏的掌机版，但PSP的出现在掌机史上还是具有划时代的意义，因为它动摇了任天堂在掌机领域的霸主地位。这年同月，任天堂推出了它的新时代掌机“任天堂双屏幕”（Nintendo Dual Screen，简称NDS），这款掌机拥有双屏幕，上方屏幕显示游戏画面，下方屏幕通过触摸操纵游戏。NDS给掌机游戏玩家带来全新体验，加上任天堂为其原创了很多经典游戏，NDS很快就赢得了全球玩家的喜爱，至2009年3月6日，其全球销量已超过1亿台。

到了21世纪的第一个十年，掌机市场已为任天堂和索尼共分。任天堂在21世纪初玩了触屏的新概念后，又于2011年2月推出3DS掌机，它是NDS系列掌机的延续，主推裸眼3D（指不戴特殊眼镜就可在二维平面上获得三维图形的观感）效果。玩家可自由调节3D强度，可在3D和2D之间进行转换。这款掌机还可向下兼容之前所有NDS系列游戏。相较于任天堂的新概念迭出，索尼显得很朴实，这些年来，它一直在PSP系列耕耘。自PSP（又称PSP1000）推出后，针对玩家的反馈意见，索尼又推出了PSP2000和PSP3000，这两款掌机本身的区别不大，但与PSP1000相较有很多改进。具体表现为外观上有更多颜色

裸眼3D：指不戴特殊眼镜就可在二维平面上获得三维图形的观感。

选择，机身更轻更薄，内存更大。2011 年，在任天堂咄咄逼人的攻势下，索尼按捺不住，昭告天下将于圣诞节推出“下一代掌机”(Next Generation Portable，简称 NGP)。NGP 增加了模拟摇杆，外观为 5 英寸的双屏幕，支持多点触控，四核处理器，前后配置摄像头，支持 3G 网络。更令玩家欣喜的是，这款掌机售价与 PSP 相去无几。

掌机的主要功能是游戏，现实中的人既要娱乐，也要生活、工作。能满足这种多功能需要的是单机游戏的第三种栖身方式——手机。虽说早在 1996 年，诺基亚就为其手机内置了“贪吃蛇”游戏，但那时的手机屏幕窄小，画面、声音呈现能力弱，运行其上的游戏与同时期的街机、掌机游戏相比，几乎不能给人带来幻梦满足。所以，手机作为真正的游戏媒体是在智能手机时代。智能手机不仅屏幕面积、画面、声音呈现能力远超第一代手机，而且能接入移动互联网。最早的智能手机可追溯到 1999 年诺基亚公司推出的 7110，但领风骚的却是 2007 年 6 月苹果公司推出的 iPhone。iPhone 系列智能手机的性能在其 2010 年推出的 iPhone4 中达到顶峰，它采用苹果 A4 处理器，全触屏控制，屏幕大小为 3.5 英寸，分辨率为 960×640。这些性能使游戏的运行更流畅，画面、声音的呈现更迷人。与卓越的硬件相应的是 iPhone 的操作系统 iPhone OS(简称 iOS)。目前智能手机的操作系统主要有三种：诺基亚的塞班(Symbian)、谷歌的安卓(Android)和苹果的 iPhone OS。这三大系统均开放了源代码，允许第三方软件进驻，智能手机游戏玩家可通过系统的应用程序商店下载游戏。三大系统中，塞班由于对触控体验支持不佳，目前只有少数第三方公司针对这一系统开发应用程序；安卓系统免费开发，多家手机硬件厂商都以之为智能手机操作系统；苹果的 iOS 系统性能卓越稳定，加上自 iTunes 网上音乐商店的运营经验，很多第三方软件开发商乐于为其开发应用程序和软件，其应用程序商店内的程序数也是最多的。[1] iPhone 在智能手机领域的后来居上让很多手机硬件生产商看到了移动互联网的春天，宏达（High Technology Computer Corporation，简称 HTC）、三星、摩托罗拉、索尼爱立信等公司也纷纷推出自己的智能手机，这些公司的智能手机以安卓为操作系统，其硬件性能与 iPhone 不相上下。

家庭游戏主机、掌机、智能手机都以中央处理器（Central Precessing Unit，简称 CPU）和图形处理器（Graphic Precessing Unit，简称 GPU）为核心元件。就处理数据能力而言，计算机的处理器是最先进的，于是，运行于上述载体的游戏经过简单转化，也可在个人计算机上运行。计算机也就成为单机游戏的第四种栖身之所。

通过对单机游戏栖身方式的考察，我们会发现，单机游戏的硬件发展呈现三个特征。一是呈现能力与日俱增，屏幕越来越大，分辨率越来越高，图像、声音呈现能力与时俱进，裸眼 3D 成为热点；二是游戏体验方式别开生面，从手动控制到体感控制，给玩家别一种游戏体验；三是与新技术联姻，单机游戏商们用尽良策使游戏机能在互联网、移动互联网粉墨登场时有用武之地。这些特征显示着单机游戏商的野心，他们不仅要让玩家沉迷于游戏的声、色、过程，还将游戏机的适用范围延伸至非游戏领域，如看碟、健身、交友等。

家庭游戏主机、掌机、智能手机的热闹是美国和日本的，中国的游戏市场并没有站在单机的潮头，唯一拿得出的是亦步亦趋地做着自己的“山寨”。前有小霸王山寨任天堂的红白机，后有清华同方 PMC－M308、金星 JXD683 等的 PSP 模仿秀。[2] 达

中国的游戏市场并没有站在单机的潮头，唯一拿得出的是亦步亦趋地做着自己的山寨。

〔1〕 徐涛，张晶. 诺基亚之死. 第一财经周刊，2011(6)：56—63.

〔2〕 F.F. 看看到底有多像，PSP 超级模仿秀 MP4 展. www.engadget.com.cn.

到巅峰的山寨品是联想公司推出的乐 Phone、乐 Pad，它们不仅外形与 iPhone、iPad 神似，且名字堂皇地昭示天下：我就是山寨"苹果"。联想推出乐 Phone、乐 Pad 后，意犹未尽，又宣布将推出家庭游戏主机 eBox(现改名为 iSec)，直接山寨微软的 Xbox。之所以有这么多公司堂而皇之地山寨，而不担心山寨产品没有销路，是因为上述 PS 系列、Xbox 系列、PSP、NDS 等游戏机并没有在中国大陆发售。这与我国的政策、知识产权保护程度都有关。根据 2000 年 6 月 15 日国务院办公厅转发的《关于开展电子经营场所专项治理意见的通知》第六条规定：面向国内的电子游戏设备及其零、附件生产、销售即行停止，任何企业、个人不得再从事面向国内的电子游戏设备及其零、附件的生产、销售活动。上述游戏机的销售在中国都是违规的。另一原因是包括索尼、微软等游戏机公司的盈利模式主要是靠软件赚钱，硬件并不盈利，而中国的游戏软件保护机制还在探索中，这阻碍了这些公司对进入中国市场的信心。[1]

奇怪的是，我们经常听说或见到身边年轻人拥有 PS3、Xbox、Wii、PSP 等游戏机。这些游戏机的进入渠道是，实力雄厚的批发商从香港进货，通过深圳、汕头或东莞的海关，然后进入内地市场，这种渠道进来的游戏机又称水货游戏机。最知名的水货游戏机市场坐落于北京鼓楼大街，淘宝、电玩巴士等网站上的水货卖场的生意也无比兴旺。中国玩家虽然能

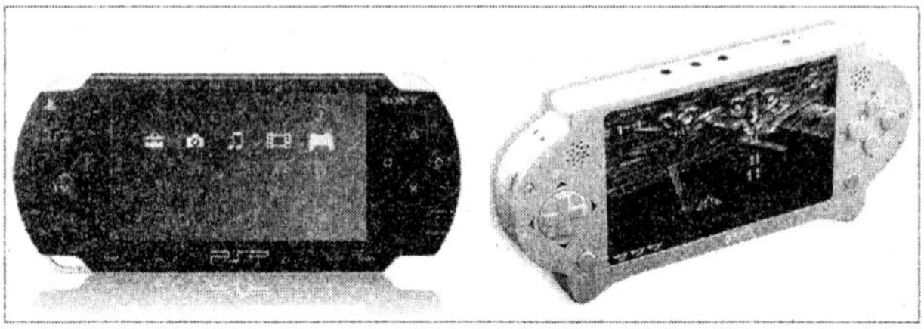

PSP 模仿秀。左图为索尼掌机 PSP，右图为清华同方 PMC-M308。看看有多像。

〔1〕 王林，邹曈，金晶，徐涛，白雪骐. 游戏机要来了. 第一财经周刊，2011(15)：60—65.

手捧和美国、日本玩家一样的游戏机，虽然能在互联网上免费下载他们心仪的经典游戏，但他们不能接入 Xbox Live 和 PSN 等在线游戏平台，这意味着，中国单机游戏玩家比美国、日本等国家的玩家在获取最新游戏信息、了解单机游戏最新动态上总会慢半拍。随着联想“爱赛格”（iSec）的出台，或许内地的游戏机政策会有所松动，届时中国的单机游戏玩家或许可与美、日的玩家同台竞技。

与单机日新月异的变化相应的是单机游戏内容上剧情化、连续式和逼真性的发展趋势。剧情化包括“戏剧”和“情节”两个方面，戏剧性指游戏有一故事背景，故事中有对立双方；情节性指该故事有开端、发展、高潮、结局。早期单机游戏和小型单机游戏大都情节简单，如《魂斗罗》讲述的故事是公元 2631 年，一颗陨石坠落在新西兰附近的加尔加群岛，两年后，一个叫做“红隼”的武装组织准备把该群岛修建成发动异形侵略战争的基地，海军总部得到消息后派防卫军“魂斗罗”成员比尔·雷泽（Bill Rize）和兰斯·比恩（Lance Bean）去破坏对方的计划。游戏并不显示故事的开端、发展，一上来就是两位“魂斗罗”战士战异形。情节简单并不是说这些故事无存在的必要，其实它们还是有锦上添花的作用的，《魂斗罗》的玩家知道故事背景后，发现原来自己正参与着好莱坞电影《异形》的故事，不免会提高兴奋度。《愤怒的小鸟》讲述的是小鸟们为寻回被绿皮猪偷走的鸟蛋，不惜以身体为武器，进攻绿皮猪的堡垒的故事。这一游戏考验的是玩家的判断力和操作力，玩家要准确判断小鸟与绿皮猪的距离、方位，掌控好发射小鸟的力度和角度，否则便砸不中猪头。虽然不了解故事背景也无碍游戏进行，但知道故事后，玩家不仅会有物理判断力、操作力的成就感，还会为小鸟愤怒的表情、小鸟奋勇争先地跳上弹弓的情形、小鸟发射时的叫声等忍俊不禁。

与单机日新月异的变化相应的是单机游戏内容上剧情化、连续式和逼真性的发展趋势。

真正的剧情化体现在大型单机游戏中，故事不再只有场面，人物不再平面，它会依次展示事件的开端、发展、高潮、结局。如《波斯王子·遗忘之沙》的故事：

开端：波斯王子来到哥哥玛利克的王国，王宫正被残暴的敌军包围，玛利克为解救王国，释放了封印的沙怪大军和火焰兽罗泰史。沙怪大军虽然击退了敌军，但也在罗泰史的带领下破坏城市，并把人类感染成沙怪。

发展一：精灵王国玛瑞德的女王瑞丝雅告诉王子，只有将王子拥有的一半符印与玛利克的一半符印组合在一起，才能重新封印沙怪大军和罗泰史。

高潮一：历经一番冒险后，王子寻见正在杀沙怪的玛利克，王子协助玛利克杀死沙怪，然后向玛利克索要一半符印，但玛利克说要靠符印吸收沙怪的力量，拒绝了王子的要求，并离开了王子。

发展二：瑞丝雅告诉王子，玛利克用符印储存了沙怪的力量，他的心智也被沙怪所诱惑。瑞丝雅要求王子以武力夺回符印，但王子认为玛利克是英明的王主，不想伤害他。

高潮二：王子在王座大厅看到玛利克与罗泰史交战，在王子的帮助下，玛利克一刀刺死了罗泰史，罗泰史嘶吼着放出刺眼的光芒，体内的能量瞬间涌入玛利克身上的符印，玛利克在冲击下跌跌撞撞地离开。

发展三：王子再次找到瑞丝雅，告诉她罗泰史已经被玛利克杀死了，威胁解除了。瑞丝雅却解释道，罗泰史是精灵族的一员，凡人的武器是无法杀死他的，现在罗泰史借助符印已经驻留在玛利克体内，控制了玛利克。由于玛利克的半块符印已经损坏，而且符印的铸造技术已经失传，要想封印沙怪大军，只能靠王子前往精灵城市瑞柯姆寻找一把武器来杀死附着于玛利克身上的罗泰史。

高潮三：在瑞柯姆，王子再次见到瑞丝雅，瑞丝雅解释了罗泰史的来历。王子前往国王之塔面对魔化了的玛利克。最终一战中，王子杀死了罗泰史，结束了沙怪大军的威胁。

结局：恢复理智的玛利克鼓励王子成为一位优秀的君主，之后便离开了人世。王子找到了自己的剑，呼唤着瑞丝雅的名字，但是瑞丝雅却没有回答王子。王子最终将剑送回了瑞柯姆，返回巴比伦向父王讲述这里发生的一切。

这个故事中，情节一波未平，一波又起，波斯王子救哥哥，哥哥却为怪蛊惑，两难抉择下，王子对决魔化了的哥哥。游戏中，王子不再仅是无休止地与对立鲜明的沙怪、火焰兽厮杀，还与哥哥、精灵女王发生复杂微妙的交互关系。在多人物的交互关系中，王子的性格也得到了鲜明的凸显，他不只有对怪、魔的恨，还有对兄长的爱，对女王的情，对王国的忠。可见，剧情化能更好地满足玩家的幻梦，只有简单故事背景的单机游戏是达不到这一点的。《魂斗罗》虽已成单机游戏的经典，但它只是满足了玩家杀戮及成为猛男的梦想，《波斯王子》却能让玩家在能力、王国、亲情、爱情等多方面得到满足。当然，这并不是说剧情化的单机游戏一定比没有剧情的单机游戏更吸引人，其实，千人千心，有的玩家喜欢游戏复杂微妙，有的玩家就偏爱简单对决，如由经典街机游戏《街头霸王》改成的单机游戏，内容仅为不同肌肉男或健壮女的对决，但是为很多玩家所喜爱。

不论是否剧情化，游戏在时间上都会有个结束期。一款游戏推向市场后，待大多数玩家都穷尽了游戏内容，游戏就会进入生命的衰退期,游戏研发商要继续留住玩家,就须推出后续版本,这就是单机游戏在现代的第二个趋势:连续式。连续式在街机游戏、早期单机游戏中就已显现,如《三国志》有《三国志之赤壁之战》、《三国志之三剑圣》,《魂斗罗》有《超级魂斗罗》、《魂斗罗之异形战争》、《魂斗罗之铁血兵团》。但那时的连续式较为简单,续作往往仅在通关模式、作战地点上作出变化,续作与前作带来的游戏体验通常相差不大,以致有些续作几乎没给人留下印象。如《三国志之三剑圣》、《魂斗罗之铁血兵团》等,在网上几乎找不到回忆它们的论帖。

“战争迷雾”:玩家只能看清角色周围小范围的地方,离角色较远的地区则为一片迷雾。

当代单机游戏的连续式不仅仅是在作战地点、通关模式、画面和音效上发生变化,还在游戏平衡性的原则下增添人物、技能。暴雪(Blizzard)公司的《魔兽争霸》至今已推出三个版本,分别为《魔兽争霸 1》、《魔兽争霸 2》、《魔兽争霸 3》[1]。《魔兽争霸 2》以《魔兽争霸 1》中人兽之间的故事为基础,除增加任务和增强画面音效呈现力外,还增添局域联网作战,右键移动、左键选定的操作模式,“战争迷雾”(玩家只能看清角色周围小范围的地方,离角色较远的地区则为一片迷雾)图式。《魔兽争霸 3》在《魔兽争霸 2》的基础上推陈出新,增添“暗夜精灵”和“不死族”两个种族,使魔兽争霸的世界更为宏阔壮观。可以看出,当代单机游戏的连续化策略主要思考的是两点,一是与前作保持连续性,使玩家的游戏体验得到深化;另一是续作不能是前作的影子或升级版,它要有自己的独特性,使玩家获得新的游戏体验。这样的开发策略在其他单机游戏中也得到印证。育碧公司(Ubi Soft)的《波斯王子 5 · 遗忘之沙》中,波斯王子除像前作中一样

---

〔1〕《魔兽争霸 1》中文名为《魔兽争霸:人与兽》,《魔兽争霸 2》有《魔兽争霸:黑潮》、《魔兽争霸:黑暗之心》、《魔兽争霸:战网版》等版本,《魔兽争霸 3》有《魔兽争霸:混乱之治》、《魔兽争霸:冰封王座》等版本。

能飞檐走壁外，还能以一挑战五十，同时育碧使用了效率较高的“弯刃引擎(Anvil Engine)”，确保在游戏画面上有优异表现。动视公司(Activision)开发的第一人称射击游戏(First-Person Shooter，简称FSG，指玩家视野与角色视野重合，玩家于游戏内只可见他人、建筑等，而不能看见自己的行动)《使命召唤2》，依旧以二战的欧洲战场为主要游戏舞台，但内容上增添了北非战场，形式上采用全新3D引擎设计，使游戏画面更为细腻、逼真，让玩家有亲临战场般的震撼，游戏中，玩家还能使用烟雾弹。

第一人称射击游戏：指玩家视野与角色视野重合，玩家于游戏内只可见他人、建筑等，而不能看见自己的行动。

剧情化使游戏进程变得复杂曲折，连续式让游戏更加波澜壮阔，这些都需逼真画面的支持。游戏的逼真性首先体现在对现实事物的摹写上：角色的眉发、肢体、动作与真人无异，花草沙石、江河湖川的形状与实景相同。一些游戏甚至不只求小事小物的再现，更求历史事件的重现，如游戏《使命召唤》中就再现了诺曼底登陆、斯大林格勒保卫战的大场景。逼真性其次体现在对想象之事物的虚构上，奇物怪兽、珍花异草，神话中的建筑、武器等齐涌眼前。游戏中的想象事物的外观设计原则是既在意料之中，又在意料之外。下图是《波斯王子：遗忘之沙》游戏场景中的一道奇异之门，它绚烂如花，却又潜藏诸多秘密，这符合人们对奇异之门的想象，但奇异之门真的来到眼前，视觉上还是不免为之震撼。我们从这幅图也能看出逼真性的第一个表现：图中波斯王子的背影，地上的沙砾与真实无异。游戏的逼真性创造视觉奇观，它让玩家获得现实世界所未有的观感，从这点上说，逼真性称作“超真实”更为准确。

波斯王子与传送门。游戏中人物、砾石、奇异门的逼真度不逊于好莱坞奇幻电影。

逼真性的第三个体现是游戏3D化。2009年年底，电影《阿凡达》让3D成为人们热议的话题，大型单机游戏也不落后，《使命召唤2》、《波斯王子：遗忘之沙》等纷纷采取3D引擎设计。游戏中，玩家只须移动鼠标或触摸按钮，便可观看到前后、左右、上下三个维度中的场景。据益普索发表的调查报告，画面更真实、玩法更丰富的3D游戏必将成为市场主流。[1] 时至今日，3D已不是某一游戏的独家卖点，它成为大型单机游戏的共同追求。

分析至此，有些人会说，剧情化、连续式、逼真化，这不就是好莱坞大片吗？确实，一些大型单机游戏在视觉、音效上向好莱坞大片趋同，但它们的游戏本质不变，不管《波斯王子》、《使命召唤》、《极品飞车》类游戏的情节如何复杂，它们的本质还是一方胜、一方败的竞赛，爱情、王国、友情等都从属于竞赛；另外，单机游戏让玩家化身主角参与故事，电影则是你看别人演绎故事，这也是二者间的本质区别。

网络游戏的夏天

一款优秀的单机游戏创造着一个充满魅力的世界，但这个世界是人与机器竞赛的世界，虽说大部分单机游戏支持局域联网，但还是囿于小众范围。这是单机游戏的缺憾所在，网络游戏正能弥补这一缺憾。

网络游戏是运营商铺设专门的服务器，通过互联网运作的可供多人远程同时在线的游戏。

网络游戏是运营商铺设专门的服务器，通过互联网运作的可供多人远程同时在线的游戏。网络游戏的发展与互联网技术紧密相连，因此，它于欧美国家发轫。1969年，美国人瑞克·布罗米编写了文字游戏《太空之战》，这款游戏能支持两人远程同

〔1〕 益普索公司．画面真实的3D网络游戏将成为主流．广告大观，2010(10)：125—126．

时在线，但计算机重启后，玩家的数据消失无踪。这些缺陷在1978年英国埃塞克斯大学的罗伊·特鲁布肖编写的多人联网游戏(Multiple User Diglogue，简称MUD)——《MUD1》上得到了一定的解决。《MUD1》是一款纯文字游戏，它能支持400个用户同时通过数据库进行人机交互，或通过聊天系统与其他玩家交流。虽说这款游戏一天内会莫名重启多次，但重启后，玩家在游戏中的数据不会清零。后续年份内，网络游戏朝两个方向发展，一是游戏形式从文字变为图像，二是同时在线人数的上限不断上升。其中值得记忆的游戏之一是1991年AD&D公司研发的《夜在绝冬城》，它标志着网络游戏从此进入图像时代。另一是1996年秋季Archetype Interactive公司推出的《子午线59》，这款游戏共有12台服务器，每台服务器可容纳250名玩家。从理论上说，只要能连上互联网，就可以玩这款游戏，这标志着真正的网络游戏时代的到来。虽说《子午线59》的商业之路失败了，但它却让美国艺电(Electronic Arts，简称EA)旗下的首创公司(Origin Systems)看到了网络游戏的商机。首创公司于1997年推出全世界第一款大型多人在线角色扮演类游戏(Massive Multiplayer Online Role Playing Game，简称MMORPG)《网络创世纪》，这款游戏中有木匠、铁匠、裁缝、剑士、弓手、魔法师、巫师、医生等多种职业供玩家选择，主题是倡导基于基督教义和骑士精神的八大美德。这款游戏在鼎盛时期拥有12000名玩家。

20世纪90年代，欧美游戏市场掀起并购风潮，美国艺电先后并购了Distinctive Software、首创、Maxis、西木(West Wood)等公司，美国暴雪并购了动视公司，这使欧美的游戏研发市场为美国艺电[1]、暴雪动视[2]、微软和法国育碧等公司垄断，这些公司在网络游戏成形前已成功推出了众多单机游戏作品。此时的游戏硬件市场为任天堂、索尼、微软瓜分，它们如军备竞赛般纷纷推出各自的家庭游戏主机 GameCube、PS、Xbox，为满足人人对决的需求，它们还推出了自己的网络服务平台 Xbox Live、PSN 和 Wi-Fi 连线，其功能不仅可以让玩家通过平台下载游戏，还可以让玩家通过平台交流、竞技。这种情况下，单机游戏并未因网络时代的到来而处处受制。另外，欧美游戏玩家习惯了以手柄操控游戏，以键盘操控游戏于他们而言有诸多不适。因此，这一时期的欧美游戏开发商们考虑的是如何让单机游戏精益求精，崭露头角的网络游戏居于它们开发的次位。

网络游戏在日本的发展与欧美类似。20 世纪 90 年代，日本的游戏硬件市场为任天堂、索尼、微软瓜分，软件市场为任天堂、索尼、科乐美、世嘉等公司主宰，并且日本的街机、单机、掌机游戏的玩家积淀更甚于欧美，这使日本的网络游戏研发与欧美一样让位于单机游戏。21 世纪初，美国、日本的游戏开发商偶然一瞥，发现网络游戏在韩国、中国如火如荼，这时他们才认识到网络游戏的巨大商机，于是，这些游戏开发商们纷纷推出自己的网络游戏作品。欧美、日本的网络游戏作品大都不是另起炉灶，而是脱胎于单机游戏。如目前流行的《魔兽世界》、《最终幻想 14》、《真三国无双 OL》（OL：On Line 的简称，用在游戏名称后，指游戏的网络版）、《战锤 OL》的故事就分别源自经典单机游戏《魔兽争霸》、《最终幻想》、《真三国无双》、《战锤》。他们

欧美、日本的网络游戏作品大都不是另起炉灶，而是脱胎于单机游戏。

OL：On Line 的简称，用在游戏名称后，指游戏的网络版。

〔1〕 旗下知名游戏作品有《极品飞车》、《网络创世纪》、《模拟》系列、《命令与征服》、《战锤》、《实况 NBA》、《实况足球》等，这些作品均为单机游戏。来源：www.ea.com.cn。

〔2〕 旗下知名游戏作品有《魔兽争霸》、《星际争霸》、《暗黑破坏神》、《使命召唤》、《魔兽世界》等，除《魔兽世界》外，其余皆为单机游戏。

的策略是为其忠实玩家创造一个既熟悉又陌生的网络世界，从而占据一定的网络游戏市场份额。这一策略没让他们失望，他们的忠实玩家不仅来了，还携着新玩家。虽说欧美、日本的游戏研发商们在网络游戏市场费尽心思，但这个市场已不像单机游戏市场一样任他们主宰了，因为早在他们大举进攻网络游戏市场之前，已有一匹黑马先他们在网络游戏市场圈下了领地，这匹黑马就是韩国。

韩国网络游戏在20世纪90年代的勃兴与当时的游戏环境、玩家基础和政府支持有关。20世纪90年代，为保护本国的游戏主机企业，韩国不允许引入国外的游戏主机和游戏作品，因此韩国只有很少游戏玩家经过非正常渠道玩过精彩的单机游戏，大部分玩家对于以键盘操纵游戏并没有什么不适。同时，当时韩国的知识产权保护力度不是很强，单机游戏作品推出后，经常面临被盗版的危险，且盗版成本很低；网络游戏则由于需要服务商架设庞大的服务器，其盗版代价很高，且众目昭昭难以操作。出于商业考虑，当时很多游戏研发商更倾向于研发网络游戏。1998年，NCsoft公司运营网络游戏《天堂》，采取与网吧合作的方式进行推广，初期就有1000余名玩家，到2000年高峰期时申请人数突破10万。《天堂》的成功鼓舞了一批网络游戏开发商，同时也坚定了韩国政府支持网络游戏产业发展的信心。1997年，韩国政府对通信产业进行自由化改革，以前韩国只许可KT一家公司提供通信服务，政策放开后，任何企业，只要满足一定条件，在政府部门登记备案后，就可提供通信服务。这让韩国的通信事业进入KT、Hanaro、Docom等公司相互竞争的时代，竞争中韩国的通信事业获得迅猛发展，网络进入高速网络时代。[1]《天堂》的成功与此不无关系。2000年，为促进网络游

〔1〕 魏晶泫. 网络游戏产业发展战略. 北京：清华大学出版社，2008.

戏的进一步发展，韩国文化观光部将游戏产业纳入“兵役特例制度”范围，规定根据自愿原则，兵役义务人员可以以在网络游戏企业工作一段时间的方式替代兵役，这为一些中小型游戏开发公司提供了招徕人才的机会。

在玩家、网游公司、政府三方协力下，韩国网络游戏产业获得迅猛发展，市场总额也从 1999 年的 1600 万美元猛增至 2001 年的 2 亿 630 万美元。[1] 网游开发公司数量成百倍增长，网游作品如雨后春笋般上市。由于韩国国民数量有限，且当时网游市场由《天堂》、《仙境传说》等几款游戏占据半壁江山，为求出路，一些网游开发商思考网游的海外之路。当时的欧美、日本等国流行的是单机游戏，且玩家不习惯以键盘操控游戏，于是，他们选择了中国作为游戏出口国。2001 年，由盛大代理的韩国网络游戏《热血传奇》由于操作简单、画面精美，获得了中国玩家的喜爱，最高峰时有 30 万人同时在线。韩国由此拉开网络游戏向外输出的序幕。韩国也由此成为全球在线游戏大国，2004 年韩国占全球在线游戏市场份额的 31.4%。[2]

2004 年，美国暴雪公司的大型多人在线角色扮演游戏《魔兽世界》在韩国开服，由于《魔兽争霸》和《星际争霸》单机游戏在韩国的高知名度，《魔兽世界》本身故事宏大、画面精良，《魔兽世界》奇迹般地在外来网络游戏难以立足的韩国市场占据一定份额。网络游戏竞争加剧的现状让韩国网游研发商们思考路在何方，一些开发商开始研发休闲、运动类网络游戏，由于这类游戏情节简单，可随玩随放，与耗时长、故事复杂的大型多人在线角色扮演类游戏形成鲜明对比，很快就获得厌烦复杂系统的玩家的喜爱，《跑跑卡丁车》、《街头篮球》、《穿越火

---

〔1〕 艾瑞咨询公司.2003 年韩国网络游戏调查报告.艾瑞咨询网，2003.

〔2〕 赛迪网.韩国网络游戏市场规模占据亚太市场份额 45%.赛迪网，2005.

线》等作品是此类游戏的代表。这类游戏输入中国后，也获得中国玩家的喜爱。

21 世纪的头几年，韩国一直将东南亚（不含日本）地区视为其网络游戏输出地，其中中国（含内地、台湾）更是重中之重，但 2007 年后，随着中国原创优秀网络游戏作品的增多，韩国网络游戏在中国市场的优势下降。在此形势下，韩国另觅新路，加大对日本的网络游戏输出。日本的网游玩家也表示出对韩国网络游戏的喜爱，2007 年 11 月 2 日，日本著名娱乐调查公司 ORICON 公布该年 9 月份日本当地网络游戏排名情况，前 10 名网络游戏中，韩国研发的游戏占了 7 个席次，日本游戏 2 席，欧美游戏 1 席。[1] 这种情况到 2011 年也没改变，2011 年的日本新游关注榜中，韩国网游几乎垄断了整个排行榜。[2] 虽说韩国网游在与日本本土网游的市场争夺战中取得压倒性胜利，但并不代表韩国游戏占据日本游戏市场的绝大份额，因为目前日本的主要游戏市场还是索尼、任天堂垄断的单机游戏市场，网游占整个游戏市场的份额还比较小。

在韩国网游向外输出的过程中，韩国政府给予了一如既往的支持。2006 年，韩国文化内容振兴院创办世界游戏冠军杯赛（Game＆Game World Championship，简称 GNGWC），邀请世界各地的在线游戏高手进行网络游戏竞技，现已成为代表全球网络游戏和竞技领域最高水平的赛事。为帮助实力不足的中小企业实现游戏出口，韩国文化内容振兴部还架设“全球服务平台（Global Service Platform，简称 GSP）”，经“全球服务平台”选出的网络游戏，不仅可获得海外语言翻译和海外游戏服务器的帮

〔1〕 98play，依莉萨．日本公布网络游戏排行，七成韩国制造．腾讯娱乐频道，2007．

〔2〕 卡拉．韩国网游企业转战日本，类似早期抢占中国．中华网，2011．

助，还可通过由韩国政府运营的游戏门户网站 Game&Game(www.gamengame.com)向全球提供服务。[1]

20 世纪 90 年代中期，中国内地的游戏环境、玩家基础与韩国相似，都是互联网技术不甚发达，只有少数玩家通过非正常渠道玩过欧美、日本的单机游戏。但中国内地的网络游戏未如韩国那样大放异彩，这与我国民众对游戏的认识不当及游戏产业不规范有关。在大多数民众眼中，从街机游戏始，游戏便与玩物丧志、荒废学业等画上等号，学校周边不许开设游戏厅，国务院办公厅也转发了《关于开展电子经营场所专项治理意见的通知》，规定任何企业、个人不得再从事面向国内的电子游戏设备及其零、附件的生产、销售活动。这从当年小霸王学习机的定位上就可以看出：小霸王学习机的主要功能之一是可以像任天堂的“红白机”一样玩游戏，但小霸王在宣传中从不明示这一点，而是迎合家长望子成龙的心理，美其名曰“学习机”。此外，我国对游戏知识产权的保护很弱，2011 年中关村互联网消费调研中心(ZDC)对网络用户的调查显示，有 63.7%的用户最近玩单机游戏，这些用户中，使用正版游戏软件的只有 11.3%，使用盗版软件的用户占 88.7%。[2] 如此高的盗版率不仅使开发商几乎无利可图，也使代理商望而止步。21 世纪的情况如此，足可遥想 20 世纪 90 年代的情况当更为糟糕。在社会舆论与知识产权保护不力的双重压力下，我国的游戏人才在网络游戏时代来临时青黄不接也就不足为怪了。

与韩国网络游戏从自主研发开始不同，我国内地网游产业从代理开始，然后过渡到自主研发。

与韩国网络游戏从自主研发开始不同，我国内地网游产业从代理开始，然后过渡到自主研发。虽说早在 1998 年 6 月，联

[1] 游戏大观网编辑部.韩国文化内容振兴院：开网站，助韩游出口.游戏大观网，2011，1.

[2] ZDC.中国单机游戏用户群及盗版情况分析.17173 游戏网，2011，5.

众世界就推出了在线棋牌游戏服务，但那时中国互联网发展水平不高，其服务区域限于国内大城市或发达城市。网络游戏业真正为人所瞩目是在2000年，那一年，由台湾雷爵公司开发的网络游戏《万王之王》(King of Kings)进入内地，在不到4个月的时间内注册人数就达到了10万。《万王之王》让当时很多迷茫的创业者找到了方向，巨人网络集团董事长兼CEO史玉柱说，他和求伯君当年都是《万王之王》的玩家，求伯君就是在玩了《万王之王》后才做出进军网游的决定。[1] 其实，《万王之王》并未进入寻常百姓视野，当年的玩家都是网络的弄潮儿。《万王之王》的意义在于开启了中国内地网络游戏的大门。

中国台湾地区的雷爵公司打开内地网络游戏的大门后，日本的网络游戏公司接踵而至。2001年1月，北京义华公司代理运营日本DigiPark公司的Q版网络游戏《石器时代》。《石器时代》的故事发生在石器时代的尼斯大陆，玩家可以冒险、交友、捕获宠物，最为玩家着迷的是玩家战胜恐龙后，可以抓获恐龙作为宠物。玩家战斗胜利或爱护宠物，宠物和玩家的亲密度会得到提升，宠物会听主人的命令；玩家战斗失败或虐待宠物，宠物和玩家的亲密度会下降，宠物会不听主人号令，亲密度下降到一定程度，宠物甚至会攻击主人。这款游戏获得了商业成功，一度占据当时国内网游市场份额的75%。但《石器时代》的创收模式很混乱，点卡、月卡、道具收费、赌博式的随机道具收费眼花缭乱地推出，让玩家无所适从。最终，《石器时代》以惨淡经营告终。

同年11月，上海盛大网络公司代理韩国Actoz Soft公司开发的网络游戏《热血传奇》(简称《传奇》)，这款游戏的画面、战斗系统、角色成长模式让玩惯了街机游戏的玩家眼前一亮。2002

[1] 腾讯科技．史玉柱：求伯君和我是万王之王首批玩家．腾讯科技频道，2010－04－17．

传奇的《热血传奇》。它制造了50万人同时在线、使当时未满30岁的陈天桥成为亿万富翁两个传奇。这使“网游”成为当年的热点话题。

年8月，盛大官方宣布《传奇》同时在线人数突破50万，《传奇》也让当时未满30岁的盛大创始人陈天桥在一年间成为亿万富翁，这使《传奇》成为当时人们热议的焦点。《传奇》在中国网络游戏史上的意义不只是创造了同时在线人数50万和青年富豪这两个传奇，它还应中国国情改良了《传奇》的收费模式。《传奇》在韩国是以运营商出售月卡，玩家以手机付费为主要收费模式。《传奇》针对当时中国国内网吧多、手机付费未普及的现实，创新地与网吧联盟，玩家可直接在网吧为游戏卡充值，作为回报，网吧可获得一定比例的分成；同时，针对国内玩家现状，盛大兼用月卡和点卡方式。点卡以小时为单位计费，它与月卡的不同之一是具有隐蔽性，每次只花10元、20元就可购得，而月卡须一次性支付60元以上。不同之二是能对玩家进行分类，月卡不管你是每天玩10小时还是1小时，付费是一样的；点卡将玩家分成轻度玩家和重度玩家，重度玩家付费高于轻度玩家。虽说《石器时代》已采用了点卡的收费模式，但它的收费模式朝令夕改，且以失败告终，这使它开创的点卡收费模式并不为人所关注。《传奇》的点卡收费模式获得了成功，这开启了中国的网游收费模式史。

2004年，上海九城公司代理运营美国网游《魔兽世界》，将点卡收费模式发挥得淋漓尽致。《魔兽世界》在美国、欧洲和中国台湾地区都采用月卡收费模式，进入中国内地后，九城改用以秒为单位的点卡收费模式。因为当时的网游玩家大都为青年人，他们平均每天花在游戏上的时间近10小时，以此计算，和月卡价格相当的点卡只能玩10天。从运营商而言，点卡带来的利益更大些。对点卡收费方式，玩家有抱怨的，也有赞赏的，九城认为“那些抱怨嫌贵的人，一定是游戏时间远高于平均时间的玩家，是游戏真正的利润来源，而他们中大部分是学生和社会青年，他们的社会影响弱，社会声音基本上是听不到的。而认为收费模式合理的玩家，以上班族为主，他们是社会的主流群体。这样综合看来，也是点卡模式要更为讨好”〔1〕。

巨人公司的史玉柱发现点卡收费方式是“赚穷人的钱”，于是在2006年公司推出网络游戏《征途》时，他高喊“赚富人的钱，让穷人免费玩”的口号，实行道具收费模式。道具收费让玩家免费进入网络世界，但游戏世界的装备、武器、消耗品等须付费。《征途》的故事背景是明朝皇帝驾崩，太子被杀，各地官员纷纷自立为王，一批武林高手重出江湖。玩家在《征途》里可做的事与《传奇》并无甚不同，也是打怪升级，与其他玩家、国家对决。不同的是它创新地推出自动寻路、打怪及任务检索功能，这省去了玩家找路、打怪、交接任务的时间。免费且容易上手的特点吸引大量玩家纷纷投身于《征途》世界，据巨人网络公司公布的数据，2007年5月，《征途》最高同时在线人数达到107万人；2008年3月，更是创纪录地达到152万人。〔2〕与人气高涨相应的是其收益的增长，2007年，《征途》为巨人网络公司带来的收入达到4.05亿人民币。〔3〕这些收入全部来自道具收费。在《征途》游戏中，玩家要杀死难缠的怪，要在决斗中取胜，都需要好的装备与武器，极致装备与武器的掉落率低到与中百万彩票奖的概率相近，但玩家可以花金钱于一夕间获取。最昂贵的武器、装备可

〔1〕 李伟.“魔兽”社会.三联生活周刊，2009(43).

〔2〕 新浪科技.征途最高同时在线人数突破150万大关.新浪科技频道，2008，3.

〔3〕 天极网游戏频道.巨人净利润第一，盛大营收第一.天极网，2007.

达数万元人民币。拥有这样的装备、武器，玩家可以杀敌、怪于瞬息间，没有好装备、好武器的其他玩家即使群殴也无奈你何。

玩家不是凭智慧、勤奋等获取虚拟成就，而是以人民币获得游戏快感，这使游戏玩家成为“人民币玩家”。

《征途》的道具收费模式创造了财富神话，但也备受指责。有影响力的批评来自于2007年12月《南方周末》的报道《系统》，该文指责《征途》这种收费模式制造了一种畸形的游戏伦理，玩家不是凭智慧、勤奋等获取虚拟成就，而是以人民币获得游戏快感，这使游戏玩家成为“人民币玩家”。[1] 但这一理性批评并未阻挡道具收费模式的风行之路，《征途》推出前，道具收费模式只是作为诸种收费模式之一存在，但现在已成为国内网络游戏的主要收费模式，只有《魔兽世界》、《永恒之塔》、《梦幻西游》、《完美世界》等少数几款采取时间收费模式。

2009年以来，《征途》虽说依旧为巨人公司贡献着滚滚财源，但令管理者头疼的是，《征途》的用户几乎全是老玩家。为吸引新玩家，巨人公司于2010年10月推出《征途2》。《征途2》中，玩家既不用按时间付费，也无须以巨资购买顶级装备、武器，只要勤奋、努力、富有智慧，就可在《征途2》的世界里获得虚拟成就。但玩家在虚拟世界买卖道具须缴纳5%～15%的“税赋”，巨人公司就以“税赋”创收。[2] 巨人公司将这种交易收费模式命名为“公平游戏模式”，这一模式能否达成巨人公司的初衷还有待检验。

如果说《万王之王》让国内迷茫的创业者看到了方向，那么《传奇》则让国内的创业者找到了成功的捷径。2002年，一批网站及游戏、非游戏行业的公司纷纷参与到网络游戏代理中来。网易推出《梦幻西游》，新浪代理韩国NCsoft公司的《天堂》，搜狐代理韩国Wizgate公司的《骑士OL》，第九城市宣布代理韩国

〔1〕 曹筠武，张春蔚，王轶庶．系统．南方周末，2007－12－29．

〔2〕 谢灵宁．巨人新征途．第一财经周刊，2011(12)．

“网禅”(Webzen)公司的《奇迹》。这些网游中,只有《梦幻西游》是自主研发的,其余皆为代理运营。代理运营的大戏在后续年份一直上演,腾讯2003年悄悄代理韩国Imazic公司开发的《凯旋》,第九城市2004年宣布代理美国暴雪公司的《魔兽世界》。这些代理商希望《传奇》式的传奇在他们身上重演,他们中的一些也确实尝到了甜头,第九城市代理的《奇迹》开服第一天就开始为其盈利,《魔兽世界》在2007年第四季度更是为其贡献了近3000万美元的收入。但也有很多代理商业绩平平,搜狐代理的《骑士OL》在2006年停服,腾讯代理的《凯旋》则是来也悄悄,去也悄悄。

国内这么多公司选择代理作为进军网络游戏的手段,其原因在于代理运营可以解决游戏研发人才不足的问题,同时省去研发的经费和时间。但代理也存在诸多弊端,一是代理费用高昂。网络游戏代理费一般分成两部分:版权费和分成。盛大公司当年代理《传奇》,版权费是每年30万美元,同时每月上缴收入的27%作为提成;第九城市代理《魔兽世界》,合同期4年,版权费为300万美元,同时每季上缴收入的22%作为提成。二是应对突发情况不及时。游戏的源代码为研发商掌握,当出现外挂、私服(未经版权拥有者授权、非法获得服务器端安装程序后设立的网络服务器,本质上属于网络盗版)时,运营商无力自行解决,须与研发商联系、分析后,再作出应对。《传奇》红遍大江南北后,一些软件爱好者针对游戏漏洞,制作出快速升级、无敌对决的软件,这使游戏失去公平性,一度使《传奇》的玩家追逐比拼谁的外挂更高级;《传奇》还出现除盛大外的服务器,它以分成为诱饵使网吧架设私服,以价格更便宜、升级更容易吸引玩家。这直接分流了盛大的收入,严重时,短短20天内使盛大公司比上月同期收入减少了2000万人民币。外挂、私服出现后,盛大公司与韩国Actoz公司交涉,但在提出交涉意见

私服:未经版权拥有者授权、非法获得服务器端安装程序后设立的网络服务器,本质上属于网络盗版。

后的很长一段时间内，Actoz 公司并未就服务器泄露问题作出解释，也没有采取任何挽救措施。[1] 虽然后来陈天桥以自己的方式减弱了外挂、私服对《传奇》的影响，但事情的经过还是让网游代理商在面对相同问题时心有余悸。除这两个弊端外，还有开发商强势、代理商弱势的问题。第九城市于 2004 年取得《魔兽世界》的代理权，4 年后续约时，暴雪公司要求将分成比例在 22%的基础上提高三分之一，商谈未果后，《魔兽世界》的代理权易主为网易。

其实，在盛大代理《传奇》时，网易就推出了自主研发的网络游戏《大话西游》，聘请同名电影主演周星驰做代言。但由于程序的一个错误，游戏进程中常会跳出类似 IE 浏览器的网页，这款游戏以商业失败告终。后来，网易又自主研发了《梦幻西游》和《大话西游 2》，这些游戏上市后都获得了成功，《梦幻西游》更是创造过同时在线 260 万人的纪录。从中我们可以看到，我国网游的道路一直有两条，即自主研发和代理运营，只是由于代理运营方便、快捷，它一度盖过自主研发成为国内网游道路的主潮。代理运营的弊端显露后，网游商们意识到自主研发的重要性，金山公司、完美时空公司以自主研发作为自己的网游之路，以代理起家的盛大、搜狐、腾讯分别推出自行研发的网游《传奇世界》、《天龙八部》、《QQ 幻想》。自主研发又有模仿与原创两种表现，模仿在自主研发的早期更占上风，对象是韩国游戏。

韩国网游与欧美网游在很多方面有相似点，都将游戏世界的人物分成玩家可扮演的角色(Player-Controlled Character，简称 PCC)与玩家不可扮演的角色(Non-Player-Controlled Character，简称 NPC)两大类；角色都经历一个成长过程；都以任务引导玩家体验游戏世界；都会提供多种平台，以供玩家发展自己的故

〔1〕 梁素娟，刘红强. 游戏江湖. 北京：新世界出版社，2009.

事。这种模式自美国艺电公司的《网络创世纪》就已确定下来，韩国网游在此基础上形成了自己的网游风格，主要表现在角色成长模式、游戏主题、游戏画面上。韩国网游中，角色成长中最重要的因素是级别和装备，级别越高，装备越好，角色能力越强；欧美网游中级别和装备也重要，但更重要的是团队合作，没有团队的合作，角色即使练到顶级，在网游世界还是会处处受制。这使韩国网游更容易上手，玩家即使不了解网游的故事背景，只要杀怪升级、穿戴好的装备就可体验睥睨天下的快乐；而欧美游戏必须花十多天的时间熟悉游戏的故事背景，否则进入游戏后常会荷戟独彷徨，更遑论感受游戏的快感了。韩国网游虽有故事情节，如《传奇》讲述的是人类为保护文明，与尼耳族和半兽人战斗的故事；《地下城与勇士》讲述的是勇士为了拯救地下城村民，与来自地下城、远古、天界、异界的怪物展开战斗的故事。但韩国网游最终引导玩家去升级、去获取装备，所以最终的主题变成获得杀戮的快感。韩国网游玩家将角色练到顶级，但不了解游戏的故事，这并不是怪事。欧美网游大多起源于经典单机游戏，如《网络创世纪》起源于《创世纪》，《魔兽世界》起源于《魔兽争霸》，《战锤 OL》起源于《战锤》。这使欧美网游大都有一宏大的故事背景，它不只是让玩家体验人怪对决的快感，还引导玩家获得精神上的升华。如《网络创世纪》最后要玩家体认的是基于基督教教义和骑士精神的谦卑、正直、怜悯、英勇、公正、牺牲、荣誉、献身八项美德。这使欧美游戏在后期会带给玩家更多快乐。这种区别正是韩国游戏在练到顶级常无事可干，欧美游戏练到顶级才感觉刚刚开始的原因。在主题平淡的情况下，为吸引玩家进入游戏世界，韩国游戏着力于人物外貌、武器形状、装备外观、技能光芒等的精心设计，这使韩国游戏的画面更细腻、幻美。相对来讲，欧美网游的人物、武器、装备都不及韩国网游炫美。《魔兽世界》中的几个种族，用现代人的眼光看甚至是丑陋的。

欧美网游的人物、武器、装备都不及韩国网游炫美。

欧美游戏虽说博大精深，但入门较难，且其引导的主题基于西方文化，这使一些欧美游戏进入中国后水土不服。全球知名的由法国育碧公司研发的《无尽的任务》(Ever Quest，简称 EQ) 2003 年 1 月进入中国大陆，2005 年 1 月宣布停服；备受欧美市场青睐的《龙与地下城》2006 年 8 月由盛大公司代理运营，2008 年 7 月宣布停止在中国大陆运营。[1] 在我们的记忆中，《魔兽世界》堪称一枝独秀。韩国网游上手容易、画面炫美，故事基于东方文化，这很容易就吸引了未经单机游戏淬炼的中国玩家。早期中国网游研发商很自然地以韩国网游为模仿对象，虽说仿作加进了一些中国元素，如中国化的花草、建筑、人物外形，但网游的主题和韩国网游一样是无尽的杀戮，玩家每天做的事情就是打怪升级、获取装备、找人对决。这在盛大的《传奇世界》，巨人集团的《征途》，第九城市的《名将三国》，完美时空的《神鬼传奇》中彰显无遗。这使我国网络游戏虽有千百款，但游戏与游戏间的区别仅在于游戏世界的地点、人物、画面的不同，有些甚至只是名字的不同，如《劲舞团》与《QQ 炫舞》，《泡泡堂》与《QQ 堂》，网游市场高度同质化。

原创网游不甘心做某款游戏的影子，它们拥有自己的生命，《梦幻西游》、《剑侠情缘 OL》、《天龙八部》等是代表。原创网游的表现之一是中国式题材。与欧美惯常的魔幻题材不同，中国式网游取材于我国历史、古典小说、武侠传说，《傲世 OL》取材于三国，《梦幻西游》取材于《西游记》，《诛仙》取材于东方奇幻小说，《天龙八部》取材于金庸的同名武侠小说。表现之二是游戏中出现大量的中国元素。最常见的中国元素表现为画面的中国化，山川河流、虫鱼鸟兽、人物服饰一起营造中国式意境；其次是游戏音乐的中国化，《剑侠情缘》、《天龙八部》中多有由笛子、洞

[1] 风雨剑虹. 清明祭：那些逝去的欧美游戏们. 多玩游戏网，2010，4.

箫、古筝、琵琶等中国乐器演奏的歌曲，曲风或凄美幽怨，或壮怀激烈；再次是游戏内容的中国化，如《梦幻西游》、《天龙八部》中出现中国的棋、琴、酒等文化，《剑侠情缘 OL》更是借五行八卦相生相克原理来构架三大阵营、十大门派、五大派系的武侠世界。表现之三是游戏主题的中国化。《剑侠情缘 OL》引导玩家体认“侠”不是一人仗剑江湖，睥睨天下，侠之大者乃为国为民。《天下贰》取材于《山海经》中的上古神话，游戏中的妖魔源自世间万物的恶念，如果恶念被引发，玩家会变成叛徒或妖魔，游戏最终导引玩家寻找心中至善至美的净土。这些原创网络游戏获得了市场的认可，《天龙八部》于 2007 年 5 月公测，当年第三季度为搜狐畅游带来 1270 万美元的营收；[1]2009 年第四季度，搜狐畅游的营收为 7070 万美元，其中 85% 的营收来自《天龙八部》。[2]《剑侠情缘 OL》来源于金山公司的单机游戏《剑侠情缘》，至今已有《剑侠世界》、《剑侠情缘 2》、《剑侠情缘 3》等版本，2009 年，《剑侠情缘 OL》还被拍成同名电视剧，2010 年，《剑侠世界》的平均同时在线人数为 12 万，最高同时在线人数达 20 万，月平均营收 2000 万元。[3]

至 2007 年年底，我国自主研发的网络游戏市场实际销售收入达 68.8 亿元，占网络游戏市场实际销售收入总规模的 65.1%。[4]我国自主研发的网络游戏在获得国内市场认可的同时，也在积极开拓海外市场。2004 年，越南网游运营商 VinaGame 将金山旗下的《剑侠情缘 OL》引进越南，截至次年年

〔1〕 向天飞.张朝阳称天龙八部收入将放缓，游戏面临隐患.腾讯科技，2007，10.

〔2〕 易观智库.天龙八部贡献网络游戏 85% 收入，搜狐产品线拓展迫在眉睫.易观智库网，2007，3.

〔3〕 网易游戏频道.网游营收排名数据公布，剑网三在线人数仅 2.5 万.网易游戏频道，2010.

〔4〕 中国游戏产业工委.2007 年中国游戏产业报告.人民网游戏频道，2008.

底,《剑侠情缘 OL》平均在线人数突破 18 万,VinaGame 也凭借该作一举获取越南本土网游市场占有率的 92.3%。[1] 2008 年,《天龙八部》在越南公测,据搜狐畅游 2009 年第三季度财务报告,《天龙八部》的海外代理营收达 180 万美元,这一营收主要由越南、马来西亚两国贡献。除《剑侠情缘 OL》、《天龙八部》外,巨人的《征途》、完美时空的《神鬼世界》也成功进入越南,并一度位居越南网游排行榜的前五名。越南只是我国网游出口国之一,据《2007 年中国游戏产业报告》,2007 年中国共有 12 家网络游戏企业的 28 款自主研发的网络游戏输出到包括北美、欧洲、日本、韩国、东南亚以及港澳台等在内的 20 个国家和地区,实现销售收入达 5500 万美元。这些国家和地区中,我国大型角色扮演类网络游戏出口的主要对象是东南亚,因为这些国家的玩家对中国文化不甚隔膜,且没有深厚的单机游戏积淀。《天龙八部》出口至北美和欧洲,表现平平,原因在于欧美玩家自单机游戏以来,熟悉的是按种族划分角色,对于以门派划分角色不甚习惯;此外,欧美玩家受基于基督教教义的西方文化影响,对于基于儒、道、佛教的中华文化也不甚了解。我国成功进入欧美游戏市场的是大中型休闲类网络游戏,久游网就成功地将自主研发的音乐、舞蹈类网络游戏输出到北美。

我国自主研发的网络游戏能够蓬勃发展与网络技术的发展、网游公司的壮大、政府相关部门的支持有关。至 2007 年年底,中国网民数达 2.33 亿人,宽带用户 5388 万人。2004 年 5 月 13 日,盛大互动娱乐公司于纳斯达克成功上市,此后,第九城市、完美时空、金山、巨人、网龙等公司也陆续成功上市。2003 年 9 月,科技部正式将“网络游戏通用引擎研究及示范产品开发”、“智能化人机交互网络示范应用”两个项目纳入国家“863

---

〔1〕 于翔.中国网游攻占越南.多玩网,2011—04—20.

计划”;2004 年 7 月,信息产业部(2008 年 3 月重组为工业与信息化部)明确表示支持网游产业的发展;2004 年 8 月,新闻出版总署组织实施“中国民族网络游戏出版工程”,此前,文化部已明确表态支持网游产业的发展。同时,为支持自主研发网游的发展,政府还给予网游公司一定的政府补贴。据报道,2010 年第四季度,完美时空获政府补贴 30 万元人民币,第九城市获补贴 2300 万元人民币;巨人网络 2010 全年获补贴 5739 万元,盛大 2010 全年获补贴 1.25 亿元。[1]

通过上述梳理,我们发现我国知名网游公司起家时都有自己的定位,网易、金山坚持自主研发,盛大、腾讯、搜狐、第九城市主营代理,久游立足大中型休闲类网游。但时至今日,这些公司已成综合性网游公司,既自主研发,也代理运营;既立足休闲网游,也跻身角色扮演网游。网易代理美国的《魔兽争霸》,金山代理北京游戏巅峰公司的《仙侣奇传 2》;盛大自主研发《热血传奇》、《星辰变》,搜狐自主研发《天龙八部 OL》、《鹿鼎记 OL》;久游代理台湾大宇资讯集团的《仙剑奇侠传 OL》,自主研发大型角色扮演类网游《神兵传奇》、《流星蝴蝶剑 OL》。国内网络游戏的巨头们已不再天真地固守一类或一款网游,他们的策略是搭建一个游戏平台。这个平台上,角色扮演游戏、休闲游戏、棋牌游戏、网页游戏纷纷登场。网易与暴雪公司共同打造中国区“战网”平台,搜狐搭建“畅游”平台,盛大构建“盛大”平台,腾讯主推“腾讯游戏”平台。用户在这些平台上可凭注册的一个号码,或邮箱名称,或手机号,或 QQ 号进入这些公司旗下的所有网络游戏。网游公司使用这种策略号称是为了使全球玩家从此可在同一游戏世界碰面、交流、竞技,但更深层原因是想锁住玩家,化解可能的运营风险。为避免注册、认证的繁琐,多数玩家在不满意某游戏平

国内网络游戏的巨头们已不再天真地固守一类或一款网游,他们的策略是搭建一个游戏平台。

[1] 黄晨.网游公司纷纷获政府补贴.财新网,2011-06-23.

台的某款作品时，多会在该平台选择其他游戏作品。腾讯后来居上占据网游市场的最大份额，原因之一就在于QQ即时通讯工具积累了大量用户。在搭建游戏平台这一点上，腾讯与盛大显得更为野心勃勃。腾讯游戏平台不只是各类游戏的杂烩，还与腾讯门户网站、微博、即时通讯、电子支付等绑在一起，它的目标是玩家的网络服务需求可在腾讯一站式办妥。与腾讯多面开花不同，盛大思考的是将网游做深做广，从2004年10月起，盛大陆续并购了起点中文网、红袖添香、晋江原创网等7家文学网站，以及音乐及无线增值服务业务公司华友世纪和视频网站酷六网，并于2009年年底与湖南卫视合资成立盛视影业，盛大期盼以此将网游的源头，网游的研发，网游的运营，网游衍生品的制作、播出整合在一起，这是陈天桥梦寐以求的"网络迪士尼"。[1]

时至今日，网游已成为我国一大产业。调查结果显示，2010年，中国网游市场总额为306.14亿元人民币，较2009年增长8.06%，但与前几年增速20%以上相比，速度明显减缓；[2]至2010年年底，网游玩家总数已突破1.08亿[3]，玩家以19～25岁的年轻人为主，这部分人占玩家总数的64.2%。网游的诸种类型中，大型角色扮演类游戏独占鳌头。2010年运营的网游中，仍以角色扮演类网游为绝对的主流，395款投入公测运营的网游中，有314款为角色扮演类网游，占网游总数的79%；所有玩家中，51%的玩家偏好角色扮演类网游，比处于第二位的第一人称射击类网游的偏好率高出近30%。[4] 这些调查结果与上述网游发展概况显示，网络游戏，尤其是大型角色扮演类网游在我国已进入其生命周期的成熟期，它让网游商们为之殚精竭虑，

---

〔1〕 谢灵宁，刘长江．盛大新盒子．第一财经周刊，2010(47)．

〔2〕 大众软件编辑部．2010中国电脑游戏产业报告．大众软件，2011(1)．

〔3〕 文化部．2010年中国网络游戏市场年度报告．中华网游戏频道，2011．

〔4〕 易观国际．2010年中国网络游戏用户调查报告．17173游戏网站，2010．

让青春少年为之恋恋不已，让社会为之愁肠百结，让国家为之欢喜为之忧，这个时代因为网游而喧闹起来。网络游戏的夏天！

网页游戏，下一站天后

网络游戏步入生命成熟期时，网页游戏正进入生命的成长期。据《大众软件》编辑部的统计与计算，2010 年网页游戏整体收入规模在 28 亿左右，预计 2011 年的网页游戏市场总额在 48～50 亿元。网页游戏是无须下载客户端，可直接在浏览器上玩的电脑游戏。艾瑞咨询集团认为网页游戏是网络游戏的新形式，《大众软件》编辑部认为网页游戏与网络游戏、单机游戏构成电脑游戏的三种类型。这两种观点看似相左，实则对应了网络游戏概念的广、狭义。广义的网络游戏指基于互联网技术的游戏，狭义的网络游戏除基于互联网技术外，还须运营商铺设专门的服务器，玩家须下载客户端。由于是否须下载客户端对游戏的研发、运营策略及玩家的粘附都有很大影响，本书取网络游戏的狭义，认为网页游戏是与网络游戏不同的电脑游戏。

网页游戏是无须下载客户端，可直接在浏览器上玩的电脑游戏。

网页游戏与网络游戏的不同之一是对硬件要求不同。网络游戏的客户端文件小则 1G，大的如《魔兽世界》、《永恒之塔》的客户端文件超过 11G，这要求运行网络游戏的电脑的中央处理器、图像处理器性能卓越，能在短时间内处理大量的游戏数据；网页游戏直接在浏览器上运作，它对电脑硬件的要求不是很高，只要电脑能流畅显示浏览器页面就可以了。之二是进入游戏所耗时间不同。进入网络游戏的流程是：下载安装客户端文件——启动密码保护软件——游戏更新（有时没有）——身份验证——进入游戏，这使进入网络游戏的时间少则 3～5 分钟，长则一个多小时；进入网页游戏的流程只有两步：身份验证、进入游戏，这两步一般 10 秒能解决。之三是游戏操作能力要求不同。网络游戏除了要求玩家不但会运用鼠标外，还须掌握多个快捷键，否则在网游世界会处处碰壁；网页游戏操作简单，一只鼠标点天下。

网页游戏操作简单，一只鼠标点天下。

网页游戏以其硬件配置要求不高、进入游戏时间短、易操作的特点很快就获得拥有"碎片时间"人员的青睐。"碎片时间"人员以公司人为主体，他们的休闲时间因工作被分成不连续的碎片。他们要求游戏所耗时间不多，能随玩随放，不影响工作。这一群体消费能力强，且愿意为游戏支付不菲的金钱。《第一财经周刊》中一篇名为《Web Game 征途》的报道讲述了网页游戏《弹弹堂》玩家陈峰的一个故事：

> 陈峰（化名）坐在电脑前不停地点击那个"强化"按钮。这天晚上他已经砸了 2 万元钱，都花在那颗标价 15 元的 4 级强化石上，他不停地买，然后到铁匠铺去升级自己的武器和帽子。他需要更多运气，系统只会给他不到 5%的成功机会。

如此"优质"的网页游戏玩家或许是个案，但从中也可见公司人的游戏消费能力与消费意愿。此时，中国国内宽带速度飙升，云计算技术蓬勃发展，Adobe 公司宣称即将发布能实现网页游戏 3D 效果的 Flash Player 11，这些为网页游戏的兴起提供了前提条件。公司人市场的迷人让很多游戏公司和非游戏公司踊身投入网页游戏市场，腾讯公司在 2011 年上半年一口气发布了 7 款网页游戏[1]，盛大游戏公司正在运营 10 多款网页游戏，百度在 2010 年年底高调宣布未来六个月将向网页游戏公司投资

〔1〕 金晶，朱小坤. Web Game 征途. 第一财经周刊，2011(16).

千万元人民币[1]。除这些互联网大公司外,还有很多不知名的公司纷纷挤身网页游戏市场,且取得不俗成绩。《大众软件》统计的2010年收入超千万元的15款网页游戏中,腾讯和盛大公司共占三款,其余为4399、上海游族、第七大道、志信、37wan、猫扑、九维、Game2、动网等公司占据。

《傲视天地》游戏画面。两军对垒中的将士、战车只能见简易轮廓。

但目前的网页游戏与网络游戏相比,还存在不少缺陷。表现之一是游戏故事简单。如《开心农场》就是不停地种菜与偷菜,《弹弹堂》就是Q版人物换着花样地用炮弹互相攻击。绝大多数的网页游戏甚至无故事可言。之二是游戏画面、声音效果差强人意。很多网页游戏广告作品中,人物发肤纤毫毕现,建筑美轮美奂,但进入游戏后会发现全不如此,即便备受网页游戏界推崇的《傲视天地》也一样。《傲视天地》取材于三国故事,但两军对垒时,你只能辨识这是个人,其余全看不清,更遑论表情了。网页游戏的声音与画面情况相似,整个游戏过程中只有一种背景乐,精致些的网页游戏也只是以几种背景乐或音效进行循环,网络游戏中因时因地而变的声效在网页游戏中难以寻觅。之三是游戏过程单调。网络游戏中,角色的一举一动均有相应键位控制;网页游戏中,玩家需要做的只是用鼠标点击"攻击"、"进城"、"出城"等图标,具体的出城、攻击动作由系统自动完成。

网页游戏的这些缺陷决定了它很难培养玩家的忠诚度,网

〔1〕 黄云涛.百度未来半年有意斥资千万投资网页游戏公司.路透中国网,2010,11.

页游戏市场中，玩家朝秦暮楚是常态。这种情况在网络游戏是不常见的，网游玩家恋上一款网络游戏后，会有一段较长时间的厮守。忠诚度难以培养，网页游戏商们便将运营的重心转移至“流量”与“速度”上，腾讯、百度、奇虎360、搜狐等公司都拥有巨大客户量，这使它们成为网页游戏研发商合作的首选。《大众软件》编辑部称，腾讯凭借强大的平台和用户优势，只要网页游戏的可玩性能达到市场上的平均水平，任何一款要做到千万级别的营收应该都不成问题。[1] 网页游戏是季节性商品，节假日的客户量明显高于非节假日，这使网页游戏研发商很注重上市时间，为赶上适宜档期，研发商们甚至不惜牺牲游戏质量。网页游戏的研发时间远少于网络游戏的研发时间，与网络游戏研发动辄动用数百人、费时数年不同，网页游戏只需3～5人花几个月的时间就可以完成。这使网页游戏的故事、画面、声音、进程进一步粗糙化。这一循环中，网页游戏市场上演最多的故事是你方未唱罢、他方已登场。

网页游戏市场上演最多的故事是你方未唱罢、他方已登场。

网页游戏现阶段的缺点决定了它在一段时间内不会超越网络游戏，但宽带速度、云计算技术、Flash软件的日新月异和它仅占用“碎片时间”的定位昭示着它的青春活力，也许，它是下一站天后。

从上述梳理中我们可以看出，电子游戏的演化与电子技术的发展密切相连，每一新技术出现，就会催生一种新的电子游戏类型。在新技术面前，老一代的电子游戏要么式微，要么变异。但与生物演化中新物种取代旧物种不同，电子游戏的各类型间并没有完全取代，网络游戏没有取代单机游戏，网页游戏也不可能完全抢占网络游戏的市场，它们以各自的特点分占不同细分市场，不同的是领风骚的时间。

---

〔1〕 大众软件编辑部.2010中国电脑游戏产业报告.大众软件，2011(1).

当代中国，街机游戏已是明日黄花，单机游戏由于知识产权保护、国家政策等原因有市无价，网页游戏由于技术原因还处于发展中，领风骚的是网络游戏。因此，本书以网络游戏，尤其是角色扮演类网络游戏为研究对象。

网络游戏不是年轻人的童话，它是年轻人的另度生存。在每一个或华美炫丽，或天真可爱，或英气逼人，或沧桑忧郁的角色背后，都有一个现实的真身。那里有山有水，有珍有宝，有妖有怪，有一个等待着你去发展的故事。

网络游戏为何迷人

网络游戏让众多青年沉溺其间，这使非网游玩家百思不解：现实中有那么多有意义的事值得去做，为何在虚拟世界荒废青春？这也是本部分所试图解答的问题。杜盖伊、霍尔等认为，要解释一件文化产品的风靡，得分析它的表征。他们分析索尼随声听的表征是具有“流动的利己性”，这使它与录音机、收音机区分开来，从而有了自己的魅力。[1] 但表征是什么呢？菲斯克解释说“表征”(represention)指“制造符号以代表其意义的过程与产物”[2]。这一解释有点令人费解，简单说，“表征”是“表”和“征”两个动作同时发生的行为，“表”指表现、表述、表达，是文化产品自身显在的事物，“征”指证明、验证，是文化产品隐在的意义。本部分就从网络游戏的故事、场面、规则分析网游的表征，以求解释网络游戏为何迷人。

美色召唤

说起网游为何迷人，绕不过的话题是性。确实，在成人文化较为开放的美国、日本、韩国都存在成人网络游戏。成人网络游戏的主题是性，玩家通过互动，不仅可以去抚摸游戏中女性的脸、胸，或看她脱衣服，还可以与她们发生虚拟的性关系。[3] 在成人文化成为禁忌的中国，成人网络游戏虽难觅踪影，但我们在观看网络视频、下载资源或查找信息时总能见到繁多的网页小游戏广告，这些广告不仅画面令人脸红，而且文案充满着性暗示，如“老公不在家玩的游戏”、“洗澡过后干什么，你知道的哦”。

〔1〕 保罗·杜盖伊，斯图尔特·霍尔. 做文化研究：索尼随身听的故事. 霍炜，译. 北京：商务印书馆，2003.

〔2〕 约翰·菲斯克. 关键概念. 李彬，译注. 北京：新华出版社，2004：241.

〔3〕 见《羡慕吗？日本宅男都玩过的12款经典成人游戏》、《韩国“成人游戏”让我欢喜让我忧》等论帖，来源：17173网站(www.17173.com)，作者未知。

《诺亚传说》内测广告。游戏中的女性角色摆出撩人姿态:来玩《诺亚传说》吧,我等着你。

这些游戏大部分以情色为主题诱人点击,进入游戏后会发现其实并不如其广告宣称的那样露骨。大型角色扮演类游戏很少情色表现,但美色也处处存在。

美色这一元素首先体现在网游广告作品中。以网游角色为代言人的广告中,美女,尤其是性感美女是永恒主角,她们或落寞、或遐思、或欢愉,神态不一而足,相同的是她们都被有意地凸显性征,或挺着傲人的胸脯,或裸露大面积肌肤。上图是《诺亚传说》的网络横幅广告,作品以对比鲜明的亮色使女性角色居于视觉中心,女性角色裸露着大半个胸脯,眼睛直勾勾地看着你,并做出相邀的姿势。这幅广告作品传达的意义是:快来玩吧,我等着你。近年来,一些网游运营商大手笔聘请影视明星为网游代言,其中既有男明星也有女明星,女明星代言的网游广告不像网游中的女性角色代言那样裸露,但内含的“快来玩吧,我等着你”的意义是一样的。台湾明星安以轩曾代言《天龙八部 2》,其中一幅户外广告作品长 43 米,高悬于中关村某数码商厦。它的美色召唤体现在安以轩的眼神上,受众自下而上观看广告作品时,眼神很自然地与安以轩的眼神相接。安以轩的眼神表意含糊,受众既可解读为这是一位心有忧愁的弱公主,等待解救;也可解读为这是一位高贵傲人的富家女,等着被征服。不管受众作何种解读,都可纳入“快来玩吧,我等着你”的意义中。近年来,以不雅视频广为人知的兽兽代言《西游记 OL》,日本 AV 女优苍井空代言《勇士

OL》，更是将女明星代言网游的美色召唤特点彰显无遗。以普通人做代言的宣传片也如此，如《地下城与勇士》每次推出新资料片，总是由几个着黑丝网袜、手持手枪、摆着撩人姿势的美女介绍更新的内容。

《天龙八部 2》户外广告。安以轩居高临下地向玩家发出信号：快来玩吧，我等着你。

美色召唤还体现在网游主题曲上。与网游广告相比，主题曲的美色召唤有点含混，如《龙之谷》的主题曲：

当黑暗降临/拿起盾牌守护着你/握紧了武器/做好最终防御/哪怕看见你身处/在最危险的境地/一切都是为了荣誉

静静走过/神圣天堂/那绚丽的阶梯/隐约/是龙的身影盘旋在天际/金色光芒照耀着/我伸展开的双翼/发挥勇气相生相依

我闯进/古老废墟/找寻/龙的一点一滴/希望/燃起神的火焰/给我力量奔向永远/冲破/这个宇宙/和你去并肩战斗/哪怕用生死守候

从歌词看，这首主题曲只有“你”“相生相依”“生死守候”等词语隐约传达着这是个男女相守的故事，但这些词语同样能理解成同性伙伴的相依。考虑到这首主题曲的原唱是日本女艺人KOKIA，其低回、舒缓的演唱风格让我们解读的是：来龙之谷吧，我与你相生相依。

网游广告、主题曲是网游的营销工具，玩家进入游戏后，会发现美色依旧存在，这体现在网游女性角色的外形设置上。网游中，玩家可扮演的女性角色设置遵循怎么性感怎么来的原则，她们的特点是性征突出。《地下城与勇士》中，玩家可扮演的女性角色有格斗家、暗夜使者、神枪手和魔法师四种，其中魔法师定位为童稚可爱型，无所谓性征突出，其余三种定位为成年女性，她们的技能、特长各不相同，但外形都有意地彰显性征：格斗家行动敏捷、力量强大，有大的胸和宽的臀；暗夜使者行动敏捷，露着半个臀部；神枪手善于操作枪炮、机械，身着短裙，露着修长的腿。她们在网游中的服装有千百款，这些服装无一不凸显她们的性感。玩家不可扮演的女性角色又可分为两种，一为任务型，一为对决型。前者多从事给予任务、生产原料、强化装备、买卖装备等工作，这些角色只要是定位为成年女性(老奶奶级别除外)，一律性感迷人，有意思的是，这些不会移动的角色的胸脯会随着呼吸而上下起伏。后者指与玩家对抗的角色，常见的为人工智能怪物(简称 APC)和副本首领，人工智能怪物是玩家可扮演角色的异化，外形设置与玩家可扮演角色相同。副本首领虽说绝大多数为男性或性别模糊，但只要是女性，都会被设置成性感型。如《地下城与勇士》(60 级版本)有 49 个副本，能明辨为女性的首领有 4 位，即烈焰彼诺修、冰霜克拉赫、魔雷麦瑟·莫纳亨、冰雪女王洛丝。她们或衣着暴露、或胸脯高耸、或细腰一搦，都极尽性感之能事。

美色在网游中只起召唤和养眼两种作用，网游的真正主题是“杀人”。

美色在网游的宣传、进程中都随处可见，但并不能据此认为网游的主题是情色，因为在游戏中，玩家并不能与这些美色产生性的互动。市面上正在运营的角色扮演类网游中，虽说美色俯拾皆是，但没有一款游戏中玩家扮演的角色能触摸她们的身体。美色在网游中只起召唤和养眼两种作用，网游的真正主题是“杀人”。

“杀人”是网游的生活方式

网游中的“杀人”是一种形象的说法，指玩家扮演的角色与网游中的怪、魔或其他角色搏斗，与我们熟知的“暴力”是一个意思。说起杀人我们会想起血肉横飞、血溅百步、尸横遍野等词语，有意思的是，绝大部分网游中的杀人只见人仰马翻，不见血溅。这说明在我国，网络游戏不只是受性的规训，它的暴力表现也受到一定限制。

网游中的“杀人”是一种形象的说法，指玩家扮演角色与网游中的怪、魔或其他角色搏斗。

网络游戏的杀人体现在网游的多种故事中。我们先来看网游中的主线故事。网游都会有一个庞大的主线故事，我们可从流行的网络游戏作品来分析这些故事。2011 年 7 月，新浪网络游戏频道发布了《2010 年第三季至 2011 年第二季中国网络游戏排行榜》。[1] 根据榜单，四个季度都雄踞榜单的网游是《魔兽世界》、《热血传奇》、《流星蝴蝶剑》、《龙之谷》、《成吉思汗 2》、《神兵传奇》、《降龙之剑》、《天下贰》、《地下城与勇士》、《星辰变》、《神鬼传奇》和《大明龙权》。这 12 款热门游戏从名称上就显露出杀人的主题，这些游戏的名称主要使用四类词语，一是邪方，如魔兽、神鬼；二是武器或珍器，如剑、神兵、龙权；三是正方，如勇士、热血；四是历史人物或其他文本名，如成吉思汗、水浒、魔戒。这些词语昭示着网游故事是个搏斗的故事。网游的故事内容也体现杀人的主题，上述 12 款网游按内容可分为四类。一是保家护国型。内容为玩家为拯救家园、王国或维护文明世界，勇斗怪物、恶魔。如《魔兽世界》讲述的是玩家为了维护泰坦创立的和谐世界，与燃烧军团、巫妖王、其他种族和本种族战斗的故事。二是冒险寻宝型。内容为玩家为获取宝物、神器，与神、

[1] 新浪网.新浪中国网游排行榜，新浪游戏频道，2011—07—10.

魔及其他玩家争斗。如《神鬼传奇》讲述的是玩家为获取灵魂圣衣，亲历亚特兰蒂斯、百慕大三角、埃及金字塔、复活节岛、秦始皇陵等众多神秘遗迹，寻找西方神话中众神散落的灵魂的故事。三是修仙成道型。内容为玩家为提升角色潜力，与来自各界的势力搏斗。如《星辰变》讲述的是秦羽为修炼内外功，与凡人界、仙魔妖界、神界的势力搏斗的故事。四是个人竞技型。内容为玩家比拼谁的游戏操控能力更强。如《流星蝴蝶剑 OL》改编自古龙同名小说，讲述了踏入江湖的玩家因一系列恩怨而互相格斗的故事。为赢得尽可能大的市场，大多数网络游戏不会限定于上述某一类型，而是兼具四种类型，满足玩家多种虚拟愿望。如《魔兽世界》中，玩家既可对抗恶魔，也可寻幽探宝；既可专注于个人修炼，也可与其他玩家对决。上述其他 11 款网游，也都一样兼具四种故事类型，只不过具体偏重有所不同。

《地下城与勇士》角色个人信息图。它使吃、穿的作用一目了然。

伴随着网络游戏的故事主线，网络游戏还有另一根主线：角色成长的故事。角色成长的故事是角色等级和能力提升的故事。网游角色的等级绝大多数从 1 级开始，最高级少则 60 级，多则 200 级；角色能力一般包括生命值、魔法值、力量、体力、智力、精神、速度、攻击力、防御力、抗性等，这些能力会以角色个人信息表直观显现，信息表不仅玩家本人可看，其他玩家也能参阅，通过表中的直观数据，玩家可清楚了解角色的成长程度。能力除与等级有关外，还与装备、首饰、武器、服装等有很大关联。等级与能力相较，能力更为重要，因为等级只代表角色在网游世界的经历，而能力代表角色控制网游世界的程度。等级高而能力低虽不能说一定是令人羞愧的事情，但绝对不值得夸耀。很多玩家为了提升角色能力，挖空心思去获取珍稀的武器、装备或首饰。这也是很多满级的玩家还在网游世界孜孜以求的原因之一。

网游故事除主线外，还有多条支线，支线辅助主线，武器、装备、首饰、消耗品、宠物、人偶等都可成为支线故事的主题。如《地下城与勇士》，主线讲述的是勇士为拯救村民，与来自雪山、远古、天界、异界、海上（统称地下城）的各种怪物、恶魔斗争的故事。主线外，《地下城与勇士》还设置了竞技、深渊、装备强化、第二职业、怪物攻城等支线故事。玩家完成竞技的支线故事可以提升操作技能；深渊可以获得神器或史诗装备；装备强化可以提升武器、首饰、装备的性能；第二职业可以获得各种材料、人偶（指协助玩家的智能怪物，类似于史诗故事中英雄的协助者）、提升角色能力的消耗品；怪物攻城时，角色保卫地下城成功，会获得可观的奖励。这些支线故事也有开端、发展、高潮与结局。如深渊的支线故事，开端是玩家获取进入深渊模式的门票，发展是玩家通过深渊前面的关卡，高潮是玩家与深渊出现的各类怪物、恶魔、智能怪物的搏斗，结局有可能是满心欢喜，获得神器，也有可能灰心失望，捡拾一地鸡毛。支线没有强制性，玩家不演绎它也能在网游世界成长。但也有玩家痴心于某一支线故事，将支线故事演绎成自己的主线故事。《地下城与勇士》中，有些玩家就痴心于深渊的支线故事，齐乐乐游戏网（www.766.com）的一篇名为《DNF最强的深渊心得帖，万字文教你DNF深渊爆粉爆SS》的论帖就讲述了玩家“［绿♀妖姬］”两年来如何攒门票，如何击杀深渊怪物，获得怎样的神器的经历。

人偶：指协助玩家的智能怪物，类似于史诗故事中英雄的协助者。

除主线、支线外，网络游戏还提供了多种平台供玩家发展自己的故事，常见的是亲友平台和交易平台。亲友平台可以让玩家结识好友，加入公会，拜师收徒，甚至结婚生子。好友、公会平台是每一款网游必备的，只要双方愿意，两人就能成为好友，网游世界有各种聊天工具可用来交流。公会除促进交流外，更能让玩家加入集体，获得身份认同。《魔兽世界》的公会系统每天会根据会员活跃度的强弱、公会击杀副本首领时间的先后等给予每一公会一定积分，并定期于官网公布公会排行榜。拜师收徒平台在大部分网游中都可见，角色达到一定等级后，就可收徒或拜师。拜师无需缴纳学费，只要双方同意就可。结成师徒关系后，系统会根据师徒关系的亲密程度赠与一定的经验值（网游世界中角色经历的数字化表现，经验值累积到规定上限时角色等级便会提升）、游戏货币。结婚生子平台常见于国产网游，角色达到一定等级后，基于双方自愿，可以于网游世界举行婚礼和养育下一代。《征途 2》中，男女双方达到 60 级，花 500 两银子，完成相应任务，就可举行婚礼。婚礼有迎亲和洞房两个环节，迎亲时有花轿、唢呐，如果花轿被抢，男女双方得从头再来；洞房可邀请好友嬉闹，好友会送上祝福的枣子，会闹洞房。成婚日，系统会以红字昭告全服务器的玩家，某某与某某结为百年之好。婚后，女性角色行走《征途 2》世界，头上会顶着夫君的名号。生儿育女也一样妙趣多多。这一平台很受本身是情侣的玩家的喜爱。玩家来到网游世界，初始是无亲无故的，亲友平台让玩家有了集体，有了亲友。

经验值：网游世界中角色经历的数字化表现，经验值累积到规定上限时角色等级便会提升。

网游世界的交易平台如现实世界一样有完整系统，商品、仓库、货币、商店一应俱全。商品来自于主线、支线故事，大多数的材料、消耗品、武器、装备、人偶都可成为商品；仓库是系统提供的，它可通过货币购买的形式增加容量；游戏世界的货币可于游戏中获得，杀掉怪物会随机掉落一定数量的货币；商店有系统自设的商人和拍卖行，也有些网游系统还允许玩家在网游世界摆摊设点。交易平台除商业平台外，还存在非商业平台，玩家可以当面赠送物品给他人，也可通过网游世界的邮件系统邮寄物品给他人。

除亲友、交易故事外，玩家还可发展自己能想到的其他故事，如旅行、游山玩水、恋爱等。网游世界里，玩家厌倦杀戮生活或稍作休息时，可以上山看奇花异草，下河游泳嬉戏，也可与恋人偎坐湖边，细说甜言蜜语。游山玩水中，玩家不仅可以获得即时的视听愉悦，还可以用抓屏软件拍照留念。

网游的主线、支线故事和其他平台使网游成为一个开放性的文本，玩家可根据自己所好发展个人的故事，做英雄、个人成长、交朋结友、收集珍奇、经商、旅行都可以。这些故事的开端、发展、高潮、结局充满着未知性。这与街机、单机游戏都不同，街机、单机游戏是封闭性的文本，虽说它们的故事不能说不宏观，但它们的故事是预先设置的，所有玩家饰演同一角色，经历相同的故事，故事的开端、发展、结局是已知的。如前文介绍的单机游戏《波斯王子：遗忘之沙》，尽管故事曲折动人，但玩家都在饰演波斯王子，都知道波斯王子会遇见哥哥，会与炎魔恶战，并最终获得胜利。从这点上说，网络游戏比单机游戏更具个人性。这既增添了网游的魅力，又延长了游戏粘附玩家的时间。

网络游戏的开放性是表层的，深层又是单一性的，所有的故事都需要以一种方式去发展，那就是“杀人”。下页的表格列出了网游中各种个人故事的内容、所需物品与获取途径，从中可以看出，各种故事的内容虽各个相异，但故事展开只有三种途径：提升等级、购买与杀怪。提升等级在游戏中只有获取经验值这一种方式，获取经验值的最主要途径就是完成任务，完成任务的主要途径是杀怪。在网游中生存离不开货币，网游货币的得来有三种途径，即任务奖励、杀怪和活动赠送，绝大多数任务的完成都须屠怪杀妖，活动赠送是不定期的，且巨额货币赠送的概率奇低。有人可能会说，网游货币可以用现实货币购买，所以经商、收集珍奇就可不用杀怪了。这句话的前半部分是对的，但珍奇装备需要到达一定等级才能佩戴，经商只有达到一定等级，才能将小摊摆到适宜区域，而提升等级又离不开杀怪。所以，不管玩家在网游世界发展怎样的个人故事，也不管玩家愿不愿意，网游世界里，玩家都得“杀人”，“杀人”是网游世界的生活方式。

网游各种故事的内容及发展途径

故事	内容	所需物品	获取途径
做英雄	勇斗怪物、恶魔	装备、武器、首饰	提升等级、购买
个人修炼	提升个人能力	消耗品、装备、首饰	提升等级、购买
交朋结友	交流、协作	个人能力	消耗品、装备、首饰
收集珍奇	收集珍稀物品	装备、武器、首饰	杀怪或购买
经商	买卖商品	装备、武器、消耗品、货币	杀怪或购买
旅行	观山览水	游戏地图	提升等级开启地图

游戏如生活，主题本可多种多样，爱情、职场、亲情、旅游、青春等都可入题，为什么绝大多数网络游戏不约而同地选择“杀人”作为主题呢？这要从网游研发商角度来加以分析。网游的研发宗旨是网游要能吸引尽可能多的青年人。网游以“杀人”为主题制造了一个蛮力、简单、高潮迭起的虚拟世界，这一世界与文明、复杂、平淡的现实世界形成强烈对比。现实世界中，绝大部分青年人社会阅历浅，且处于社会阶层的底层，他们在表面文明、深层复杂的现实世界常常感到不知所措。网游世界是简单的，它充满着鲜明的二元对立。他/我、生/死、人/兽、人间/异界；网游世界所需的一切，都可最终以“杀人”方式获得。两种世界中，青年人会觉得网络世界更易于驾驭。此外，“杀人”制造的冲突是最强烈的，成/败、生/死短时间就见分晓。网游世界内，玩家可以与怪斗、与人斗、与自己斗，怪有上百种，人有千万个，自己和自己赌气的平台也有几十个，所以，较长一段时间内，玩

网游世界是简单的，它充满着鲜明的二元对立。

家每次都能在网游世界获得不同体验,这就确保了玩家每次游戏之旅都是刺激的、新鲜的。同时,网游研发商还会定期更新网游,或是新怪物的推出,或是新职业的登场,或是新平台的搭建,每次更新,都给玩家更多的新体验。爱情、职场、亲情、青春等虽也备受青年人关注,但若以它们为主题则会面临两个问题:复杂了青年人会因为阅历不够而难以理解,简单了又难以衍生持续的兴奋点。这是绝大多数网游以"杀人"为主题的原因,也是网游让青年人痴迷数年的原因之一。

超真实场面

网游的故事可供玩家按需选择,这些故事发生的场面也充满魅力。前文中,我们分析了单机游戏画面的超真实性,它表现为游戏中花草奇异,山河壮丽,建筑宏伟,角色须发可辨。网游场面的超真实性还不止于此,它的超真实更为繁复,同时于静态超真实外更有动态超真实。

按大卫·波德维尔的定义,场面是镜头内的可视元素,主要包括布景、灯光、服装及角色行动四种。[1] 网游场面超真实的繁复性首先表现在布景和灯光上。网游世界分为两部分:一为地城,这是公共区域,玩家能见到进入该区域的所有角色;另一为副本,是私人区域,进入副本后,玩家只可见自己和其队友。地城内有各种非玩家扮演角色,玩家可在此休憩、聊天、生产、交易或交接任务。有些网游还将地城又分为安全区与怪物区两部分,安全区内玩家不会受到任何伤害,怪物区内玩家会受到怪物攻击,战胜怪物会获得怪物随机掉落的金币、材料,有的可将它

〔1〕 大卫·波德维尔,克莉丝汀·汤普森.电影艺术:形式与风格.彭吉象,译.北京:北京大学出版社,2003:155.

们收为宠物。网游世界中，地城由诸多地点构成，如《魔兽世界》中的卡利姆多大陆，北面有阿兹莎拉海域、灰谷森林、黑暗海滩；中部是广袤荒原，包括沙尘之环、巨人之地、黄金之路、棘齿城、林荫旅馆、提达斯之梯等；南面是菲欧森林，包括毒血瀑布、石化森林、月光沼泽、永恒之桥、世界之树、巨石峡谷等。这些地点的场景应网游故事不同而呈现出不同面貌。阿兹莎拉海岸曾是暗夜精灵部落首都的一部分，后来燃烧军团入侵了这个世界，导致大陆崩溃、海水涌了上来，这里成为潮湿的墓地，只留下城市的废墟。所以阿兹莎拉区域整个场景布满岩石岛屿、崎岖绝壁和珊瑚暗礁。菲欧森林由于受到燃烧军团的诅咒，场景是寸草不生，河流与溪水散发毒气，远古守卫四肢扭曲，深色皮肤上流着恶心的脓液。《魔兽世界》中，不仅是这些区域的场景应故事而设置，区域内的地点也在故事背景下呈现出不同的景象。如菲欧森林的毒血瀑布，曾经翻腾着纯净泉水，波光粼粼，受燃烧军团诅咒后，这里成天喷涌着腐臭浑水，毒素从被诅咒的土地里冒出，汇集在绿色毒水池中；再如广袤草原地区的提达斯之梯，因有一条古老的石梯从海边一直通到海里而命名，场景设置为没有尽头、一直延伸的石

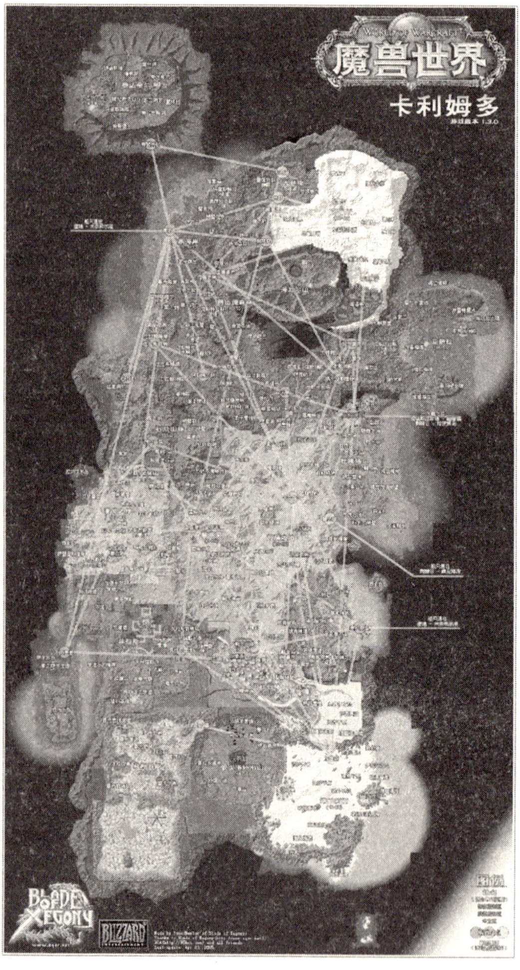

《魔兽世界》卡里姆多大陆地图。成千上百个地点星罗棋布于这块大陆，每一地点的场景都应在魔兽世界里的故事而现出各自的风貌。

梯。卡利姆多大陆中的场景远不止于上述例子,还有诸多场景因叙述方便而被省略了。卡利姆多是位于《魔兽世界》西方的大陆,此外还有南方的艾泽拉斯大陆、北方的洛丹沦大陆,后两个大陆上发生的故事与卡利姆多不同,区域场景也与卡利姆多迥异。

网游副本隐存地城中,玩家扮演的角色达到一定等级后才能进入。副本通常由强大的怪物首领把守,玩家战胜这些首领后按一定几率获得网游世界内的珍稀物品。网游副本由《魔兽世界》首创,初衷是确保每一玩家获得珍稀物品的概率相同,避免玩家因争抢物品而起干戈。网游副本现已成为绝大多数网游的必设项目。网游副本场景的设置除与故事相应外,还须与地城和其他副本区分开来。《地下城与勇士》中,共有 60 多个副本,分成格兰之森、天空之城、天帷巨兽、万年雪山、暗黑城、安特贝鲁峡谷、海上列车等几个区域,这些副本除充满各种怪物外,还有燃烧的火焰、腐蚀的污水、烧焦的树木、吸人的漩涡、窒息的毒雾等,这些场景是地城没有的。副本区域间也有区别,格兰之森是一片森林,天空之城是天空殿堂,天帷巨兽布满栅栏,万年雪山雪花飘舞,暗黑城洞窟密布。区域下的副本又同中有异,如暗黑城,它又有浅栖之地、蜘蛛洞穴、暗影迷宫、暗黑城入口等副本,这些副本都是洞窟密布,不同的是浅栖之地棺木横陈,蜘蛛洞穴石障随处可见,暗影迷宫石头从天而降,暗黑城入口内魔杆诡异。

副本通常由强大的怪物首领把守,玩家战胜这些首领后按一定几率获得网游世界内的珍稀物品。

副本与地城、副本与副本间不只是怪物、场景不同,它们的灯光也不一样。地城的灯光风格趋于明亮,较少布置阴影。3D 网络游戏中,玩家可从前后、左右、上下观看地城的场景,按常理会出现阴影,事实上,玩家无论从哪一维度观看,地城场景都是明亮的。《魔兽世界》的地城,玩家无论从哪一维度观看,都是建筑金碧辉煌,花草异彩奇光,池湖碧光闪闪,神器荣光萦绕。这种风格的灯光向玩家预示，地城是安全、美好的，在这里你可以获得愉悦的体验。还有些网游别出心裁，将网游世界与现实世界紧密联系起来。《永恒之塔》的地城灯光，会应现实世界的白天或晚上而显出或明或暗的风格。但即便是在昏暗的黑夜，地城内也会以减少阴影来表示安全。

高反差灯光：指亮处特别亮，暗处特别暗的灯光。

网游灯光的复杂性主要体现在副本内，副本的整体灯光风格偏于昏暗，同时多用阴影和高反差灯光（指亮处特别亮，暗处特别暗的灯光）象征着恐惧、邪恶、神秘。副本难度越高，暗黑越浓。《地下城与勇士》中，远古副本的难度最高，是网游故事中的罪恶渊薮，它又分成王的遗迹、比尔马克试验场、悲鸣洞穴、诺伊佩拉、幽灵列车和痛苦之村 6 个等级，王的遗迹、比尔马克试验场只略比普通副本昏暗，幽灵列车和痛苦之村则一片昏暗，似乎能闻到尸体的腐臭。这些远古场景兼用高反差灯光和阴影，既营造紧张、恐怖、神秘气氛，又告诉玩家危险所在。如幽灵列车内，玩家使用大技能攻击幽灵王时，幽灵王会钻地，地上出现一个亮点，预示幽灵王会从此处钻出；幽灵王钻出时，会疯狂地张口乱咬，幽灵王咬中玩家扮演的角色时，天地煞白，仿佛暗夜霹雳。幽灵王被攻击到一定程度，会放出保护罩，玩家摧毁保护罩时，天地立即更加昏暗，幽灵王大张海口，吐出危险的全屏冲击波；冲击波后，地上会出现异于常态的阴影，那是幽灵王在酝酿它伤害性极高的分身。上述所举虽是某一网游某一副本的灯光设置，但适用于绝大多数角色扮演类网游的副本，只不过不同网游应故事背景、副本难易程度不同而在昏暗、阴影、高反差灯光的具体运用上有所不同。

从这点上看，网游世界的灯光与电影有所不同。电影的灯光可以有个性地设计，如希区柯克导演的恐怖电影，它有意颠覆观众的观影期待，昏暗、灯光反差大的地方并无可怖之人，明亮、温馨场面中突现骇人之事，这给观众一种新鲜体验。网络游戏的灯光却不能这样设计，原因之一是网游得迎合大多数年轻人对灯光象征意义的理解，另一更重要的原因是网游世界灯光的作用不只是营造氛围，还要导引玩家的行动。如果灯光蕴含的意义很反常，玩家会手足无措，转而换游戏走人。

网游世界的灯光与电影灯光同中有异，服装也一样。电影中的服装显示人物的阶级、自我形象及心理状态，网游世界的服装也承担相同功能；不同的是，电影中的人物会有丰富的动作、面部表情来衬托或反讽服装，网游世界的角色没有动态的面部表情，因此，网游世界尽力加大服装涵盖的范围。从上述新浪网游排行榜所列的网络游戏看，网游的服装可指玩家可见的角色外观，主要包括表情、体态、发型，时装，武器，坐骑/宠物四类。

玩家创建角色时，系统提供了多种表情、发型、服饰以供选择。《神鬼传奇》中，男性角色可选择的发型有浪漫、随意、冷酷、朝气、潇洒五种，可选择的脸型有成熟、高傲、阳光、威武、稳重、梦想、复仇、冷酷、忧郁、和谐十种。《永恒之塔》中玩家不仅可选择角色的发型、表情，还可根据所好设置角色的五官、四肢、三围的大小。《地下城与勇士》中，玩家创建角色时，虽不能选择表情、发型，但进入游戏后可凭点卷（现实货币的化身）在游戏世界的商城购买普通或高级时装，时装分成上衣、下装、肩部、腰带、鞋、眼、耳部、帽、皮肤 9 个部分，每一部分有 160 多款，这些时装有白、黑、红、蓝、紫、橙等多种颜色，有校园、军装、复古、休闲、运动、街头、前卫等多种

《地下城与勇士》中的稀有装扮——苍穹之翼。它的光芒与外形显示着角色身份的显赫。

风格，玩家可购买推荐的套装，也可任意选择搭配。除普通、高级时装外，还有节日套装和稀有装扮，节日套装逢春节、劳动节、暑假、国庆等节假日推出，玩家可在商城购买；稀有装扮不能购买，但可通过将两件高级装扮合成得到，或通过砸魔盒获得兑换券得到。这些服装级别越高，色彩、款式就越是迷人。《地下城与勇士》中，各职业各有一种稀有套装——苍穹之翼，这一套装泛着金光，背后更有天使翅膀，真是世间未见的珍奇。

武器是网游世界最重要的道具之一，它不单代表了角色的战斗能力，还能以其外形彰显角色的性格。为满足各种玩家的不同喜好，网游世界会为各职业设计种类繁多的武器。如《地下城与勇士》有六种职业：鬼剑士、格斗家、神枪手、魔法师、圣骑士和暗夜使者。每种职业有五种武器，角色等级每升五级，就可佩戴新一级的武器。同级别同类型的武器又分成普通、高级、稀有、神器、史诗五个等级。《地下城与勇士》中，角色最高级为 70 级，这样算下来，研发商须至少为每一职业设计 350 种武器。武器间的区别表现在外形、名字、色彩上，如鬼剑士可用的武器有巨剑、钝器、短剑、太刀、光剑五种，巨剑形状巨大，钝器没有锋刃，短剑短而锋利，太刀呈弧形，光剑纤薄细长。同类型武器级别不同，名字也不同，普通的武器一般会有“损坏的”、“生锈的”、“古旧的”等形容词，最高级的武器的名字特别新奇，是闻所未闻的。鬼剑士有六种神圣武器，名为魔剑阿波菲斯、炙炎梵天剑、泰拉石巨剑、泰拉石太刀、天脊乾坤剑和泰拉石光剑。这些武器名字文字的色彩应级别不同而迥异，普通武器的名字是白色的，高级的蓝色，稀有的紫色，神器红色，史诗的黄色。同类型同级别的武器如果强化等级不同，又会呈现不同的耀眼光芒，如同是泰拉石光剑，强化 4—10 闪耀黄色光芒，11—12 是蓝色，13—14 是粉红色，15 以上是金黄色。众多的武器为玩家提供了个性选择，武器的色彩、光芒更增添了拥有者的自豪感。

宠物系统是每一网游必设的，它应网游故事的不同而表现为或宠物、或坐骑、或人偶，多数网游只设置宠物系统中的一种，也有些网游锦上添花，宠物、坐骑、人偶一齐登场。《天龙八部2》中，玩家可抓捕珍禽怪兽做坐骑，同时还能召唤慕容复、段誉、虚竹、乔峰等协助战斗。宠物在网游世界中扮演协助者的角色，它不仅能提升玩家的战斗力，还能协助玩家作战。网游世界的宠物有几百种，既有世间可见的动物，也有传说中的神物。《梦幻西游》中，既有以十二生肖为原型的宠物，又有神话中的牛头、马面、龟丞相等。一般来说，现实生活中可见原型的宠物都不会是最高级的。每种宠物不仅外形不同，而且风格各异，可爱卖萌、装坏扮酷、凶猛狠厉、一本正经……各种类型都有。宠物不仅会说些“主人，快看，天上有只老虎飞过”、“我全身没力气了”之类的话，珍禽奇兽全身还会焕出异彩。《天龙八部》中有种上古神兽——犀牛，是传说中观音菩萨坐骑雷诺萨勒斯的后裔，可供双人骑乘。其外形凶猛狠厉，但在玩家胯下，驯顺如猫。玩家骑上犀牛，奔走如飞，所到之处，一片光芒。宠物系统让玩家可以更个性化地装扮自己，同时也很好地满足了玩家的幻梦。动画片中，哆啦A梦、雄狮希瑞、夜煞无牙等不仅本领高强，还待主忠诚，很多玩家都有过拥有它们的美梦，网游的宠物系统让这美梦成真。

上古神兽——犀牛。它让玩家拥有本领高强、待主忠诚的宠物的美梦成真。

网游内的角色行动分为地城行动和副本行动两种。地城是安全区，不能施放技能，所以没有特殊的行动。但网游系统提供了前后左右上下方位，有跳、跑、走、蹲、躺等动作供玩家组合自己的行动。在方位与动作的组合中，玩家可以衍生出诸种行动，散步、逛街、发呆、攀岩、游泳、坐着聊天、仰望星空都可以。

令玩家心动神摇的角色行动发生在副本内。副本内，玩家不只是可以在方位与动作的排列组合中选择行动，更有许多的技能动作。《地下城与勇士》中，每一职业有20多个技能；《魔兽世界》的技能更多，多到玩家遗憾于键盘上的操控按键不够用。这些技能按功用可分为两类，以《地下城与勇士》为例，这两种技能称为辅助技能和伤害技能。辅助技能起辅助作用，可提高力量、体力、智力、精神、速度或防御力；伤害技能又分为小招、大招和觉醒三种，小招伤害度低，但能经常施放，大招伤害度高，须间隔一段时间才能重放，觉醒伤害度离奇，间隔时间最长。这些技能施放时，都会出现相应的光芒。辅助技能如果是提高力量，角色会全身泛出红光；如果是提高防御力，会出现一个或红或白的透明球，角色立于球中，可免受一定伤害。伤害技能攻击力越高，动作的视觉效果越炫目。狂血魔神的觉醒技能名为“魔狱血刹”，施放后会从地底涌出耀眼的火柱，目标对象在火柱中会像虾被蒸煮一样煎熬得活蹦乱跳。技能施放时，除炫目光芒外，角色还有诸种动作。龙斗士的觉醒技能名为“苍龙逐日”，技能施放时，角色会双手快速摆动，然后跳到空中，全身光芒闪耀地召唤苍龙。组队屠怪或对决时，各职业技能一齐施放，各种动作纷呈，诸种光芒大作，蔚为大观。

龙斗士的觉醒技能——苍龙逐日。技能施放时，角色双手夸张地召唤，一条苍龙从天而降，砸向目标后，幻出异彩。

副本内除玩家可扮演角色的行动外，还有怪物的行动。怪物行动和故事背景相应。《地下城与勇士》的痛苦之村是地下城瘟疫的根源之一，它里面怪物的攻击方式是让角色进入异常状态。如领主野猪狄瑞吉，它全身黑色，喷着毒气，角色站向不对，就会中毒变成人偶；一段时间后，狄瑞吉会化身为黑旋风，旋转着追逐角色，同时散出许多瘟疫碎片。怪物的行动与角色行动有所不同，角色行动由玩家自行选择，充满未知性；怪物行动是系统预设的，有规律可循。如野猪狄瑞吉的行动，就是喷毒气、起旋风、散碎片这三招循环往复。这有点像程咬金的三板斧，不知者常会手足无措，知者明晓程咬金翻来覆去就那三斧头，很容易就能破招。但我们不能就此认定怪物的行动简单，我们须从整个网游世界来看怪物的行动。网游副本少则几十个，多则上百个，副本内有各种小怪和领主，网游的设计须保证千怪千动作才能给玩家新鲜体验，这使网游世界的怪物行动姿态繁复多变。

与电影中的角色行动相比，网游中的角色行动有它固有的缺陷，电影中角色一言一行、一颦一笑都传递角色的内心活动，这是网游角色行动难以做到的。但网游角色行动也有它的独特性，那就是繁复与自主性。网游世界中，职业十多类，怪物上百种，每一职业、怪物都有自己的动作；同时，玩家可扮演角色的动作是由玩家操控的，角色动不动、怎么动玩家说了算，而电影中的角色行动是演员演绎的，观众只可欣赏。网游中的角色行动和电影中的角色行动也有相同点，它们都借助光、影、声音制造视、听觉奇观。

网游世界的声音虽不属于场面的内容，但它与场面共构网络游戏的超真实性，因此有必要对其加以分析。网游世界中的声音分为三类，即背景乐、技能声和角色言语。背景乐在网游中起叙述故事、渲染环境的作用，它应地城、副本故事背景的不同而各异。整体而言，地城的背景乐轻快、明朗，副本则急促、高亢。为更好地渲染气氛,网游研发团队会专设配乐人员,匠心独运地使用各种音乐元素。如《魔兽世界》就以欧美顶尖音乐人 Jason Hayes, Tacey W. Bush,Derek Duke,Glenn Stafford 为制作队伍,创作了大量的为《魔兽世界》玩家喜爱的背景乐。[1] 这些背景乐综合运用了管乐、弦乐、鼓声、和声。《艾泽拉斯的传说》(Legends of Azeroth)是艾泽拉斯大陆的主题曲,这个曲子分成三个节拍和一个尾声,节奏是快—慢—快。第一拍是沉重连续的战鼓声,仿佛兽族大军正在列队行进,他们低头喘气,用手中的武器敲击大地;第二拍是缓慢的弦乐和淡淡的鼓声,像一位老人在讲述这块大陆曾经的美丽,又像是在讲述一位英雄的传奇;第三拍是与第一拍相同的一连串战鼓声,预示场面恢弘的战争的开始;尾声是悠长的和声,似在歌颂英雄,又像是在慰藉亡灵。《魔兽世界》的背景乐除主题曲外,还有环境音,作用是烘托环境。如用长笛声来表现埃尔文森林的静谧,用风声、拨弦声和偶尔的鼓声烘托暮色森林的肃杀,用异国情调的碎鼓声和划破夜空的笛声表现荆棘谷的神秘,用空旷的混音表现塔纳利斯沙漠的荒凉。《魔兽世界》的背景乐是如此优秀,以至于不仅是玩家以收集到它们为荣,连中央电视台第七套频道的《军事纪实》节目也以它为背景乐。[2]《魔兽世界》的东家暴雪公司看出这里面的商机,也定期推出《魔兽世界》原声背景乐大碟。

《魔兽世界》背景乐大碟。它的推出证明了网游研发商对声音的煞费苦心。

网游中的技能声虽不如背景乐那样繁

[1] 更多《魔兽世界》背景乐的介绍可见《〈魔兽世界〉背景音乐曲目导读》,来源:腾讯游戏网。作者未知。

[2] CCTV 七套《军事纪实》使用魔兽世界背景乐.多玩游戏网,2008,4.

复,但也挺有意思。《地下城与勇士》中,以风声表现技能的快速进攻,以爆炸声表现技能的威力强大,以大喊声表现技能的潜力勃发,以“嗞嗞”声表现技能的缓慢伤害。技能声让玩家于视觉震撼外另添听觉愉悦,有助于玩家获得酣畅淋漓的打斗体验。

网游中角色言语多由非玩家扮演角色和怪物发出,非玩家扮演角色的言语主要用来表明身份。《地下城与勇士》中,赛丽亚说的话是“我叫赛丽亚,你来了?有什么要帮忙的吗?一定要记得我哦,再见”,表明赛丽亚在游戏中掌管仓库和邮发系统;凯丽说的话是“要是念气能附加到子弹上多好哦”,表明凯丽是神枪手的导师;金木水火土罐说的话是“绝对没有空的”,表明这些罐头人的工作是出售各种赌博式罐头。这些非玩家扮演角色的言语除表明身份外,还有调侃、搞笑成分,如凯丽会说“嗨,路过的那个小伙,挺帅的嘛”,各种罐头人会说“偶尔有一个空的,也情有可原哦”。这些言语让网游活泼、灵动起来。怪物说出言语的作用一是表现怪物的凶暴、残忍,另一是如灯光一样导引玩家的行动。《地下城与勇士》中副本遗迹之王的领主锤王波罗丁会说“在我面前给我跪下”,说这话的同时,他会连续三锤。这句话彰显了波罗丁的霸气,也导引玩家在听到话后赶紧跳身躲避锤击。

玩家可扮演角色在网游内是不能发声的,玩家团队作战时,只有两种交流工具:游戏内的文字和游戏外的即时通讯工具。但以文字交流速度太慢,跟不上战斗的快节奏;以即时通讯工具交流又得中断游戏。针对玩家这种两难抉择,有公司设计出可让玩家在游戏内即时语音交流的软件,这样的软件如新浪公司推出的 UT 软件,多玩公司研发的歪歪语音。借助这些软件,玩家不只是能协调作战,还可听到队友在战斗中的怒吼声、奇招奏效时的狂喊声、失误时的自责声、胜利后的欢呼声、失败时的哀叹声。这既增进了玩家间的友谊,又使网游世界的声音更加丰富多彩。

从网游的场景、灯光、服装、角色行动、声音看，玩家可在网游世界观现实世界未见之奇，得现实世界未有之珍，行现实世界不能之行，听现实世界未有之音。这种状态就是法国哲学家波德里亚所称的“超真实”，超真实“是一种比真实更‘真实’的状态或现实……它打破了真实与想象的界限，使昔日的审美幻境无处不在……超真实不再是客观存在之物或反映之物，而是人为制造(再生产)之物或想象之物”[1]。网游的这种策略与迪斯尼乐园的策略类似，它们都在有意避免成为现实世界的影子，另造一个世界，以实现玩家在现实世界不能实现的愿望。这导引着玩家追求更美好的生活，也促使部分玩家不愿回归现实世界。

丰饶“经济学”

网游世界不只是故事开放迷人、场面超真实，它还在财富、资源、生命上遵循着与现实世界不同的规则。这些规则使网游世界金币落如雨、资源取之不尽、生命无限。

金币是网游世界的货币。网游不同，游戏货币的称谓也不同，韩国网游称为金币，国产网游称做铜板、银子、金子，欧美网游称做铜、银、金。为叙述的方便，本文统称为金币。对流行网游的金币行为进行观察会发现，网游与网游间金币的实际价值虽不同，但面值都比现实货币高许多。依 5173 虚拟交易平台(www.5173.com)2011 年的报价，1 元人民币可换《天龙八部3》中的 240 两金子，《魔兽世界》中的 900 金，《地下城与勇士》中的 10 万金币，《永恒之塔》中的 200 万金币。之所以出现这么大

---

〔1〕 戴阿宝.超真实//汪民安.文化研究关键词.南京:江苏人民出版社,2007:26.

的差别，并不是因为韩国网游金币贬值，而是因为韩国网游内只有金币一个等级，而国产网游和欧美网游一般都有铜、银、金三级。如《魔兽世界》内，100 铜＝1 银，100 银＝1 金。这样算下来，网游世界内，百万富翁是常态，亿万富豪也屡见不鲜。

网游金币不只是数量惊人，其得来也比现实世界容易。网游世界内，金币可通过三种方式得到：怪物掉落、交易、活动赠予。玩家杀死怪物，会获得一定数量的金币或材料。怪物级别、本领越高，掉落的金币、材料数量越多。《地下城与勇士》中，10 级的普通怪平均掉落 50 金币，20 级的大概 200 金币，60 级的则超过 1000 金币，精英怪掉落的数量会多些。如果击杀的是难度极高的副本首领，更会掉落满地的金币和材料。材料不是直接的金币，但可通过交易间接转换成金币。网游内的交易方式有两种，即卖给网游内的 NPC(即 Non-Player-Controlled Character，非玩家扮演角色)和卖给其他玩家。每种材料都会有系统给定的标价，NPC 按标价收购；卖给其他玩家有溢价，材料越稀罕，溢价越高。以《地下城与勇士》为例，一件传承装备标价 1 万金币，卖给其他玩家可达 1000 万金币；武器、首饰中的神器标价一般只值 1 万多金币，但卖给其他玩家少则几百万金币，多则高达几千万金币。材料由怪物掉落，越难缠的怪物掉落的材料越值钱，珍稀材料只有特定怪物才掉落。《地下城与勇士》中鬼剑士有种梦寐以求的神器叫魔剑阿波菲斯，能让角色的能力立即提高二级，只有悲鸣洞穴的精英怪才掉落，但掉落概率很低。百度“鬼剑士吧”有个玩家说他刷了半年悲鸣洞穴也没爆出魔剑。因为它的高属性和稀有性，在网游世界，它能卖出 8000 万金币的高价。

网游世界内，百万富翁是常态，亿万富豪也多见不鲜。

活动赠予的虽多是材料和消耗品，但也可转换成金币。网游内的活动有定期和不定期两种。定期活动是每天都有的，国产网游每日会根据玩家在线时长赠送相应数量的礼盒，礼盒内有武器、装备、消耗品。如《天龙八部 2》，每隔半个小时，系统就会赠送一个礼盒。在线时间越长,所获礼盒越多。有些网游虽不采取按在线时长送礼盒的策略,但也有类似的定期活动。如《地下城与勇士》,它没有每日送礼盒的活动,但星期一、三会有南部溪谷活动,完成任务能获得一定数量的金币和材料。星期二、五有死神的邀请活动,被死神接受的玩家会获得少则60万,多达1亿的金币;被死神拒绝的玩家也能得到小礼包,内有安慰奖品。星期六、日有怪物攻城活动,防御成功的玩家会获得价值不菲的消耗品和材料。定期活动还有按月给予奖励的,如《征途》推出的"发工资"活动,只要玩家每月累计在线时长达120小时,就可于清源村福利姐姐处领取满额的级别工资,最低5两金子,最高100两金子。

不定期活动多于节假日推出,为吸纳人气,每逢春节、劳动节、暑假、国庆等节假日,网游运营商都会推出令玩家心动的活动。如《天龙八部》2007年的中秋活动,其公告是:

活动时间:

玉佩掉落:9月24日—10月11日;

铃铛兑换:10月18日结束。

等级要求:

能到玄武岛即可参与。

活动NPC:

岳长圆,苏州(192,148)。

活动说明:

中秋活动期间,在玄武岛的兔子区域打兔子可以有几率收集到道具"玉兔玉佩",当收集满指定数量时,找到苏州NPC岳长圆(192,148)即可换取到能够召唤出可爱玉兔宝宝的"玉兔铃铛"了。可以换取的铃铛共分为四种,可以分别召唤出5级、45级、55级、65级的

玉兔宝宝哦！[1]

玉兔宝宝是《天龙八部》玩家钟爱的宠物之一，65 级的嫦娥玉兔更是玩家梦寐以求的宠物。如果玩家不愿意豢养这些宠物，也可以交易。最令玩家心动的不定期活动发生在新游上市或网游推出新资料片时，这些活动为求人气，玩家甚至无须付出任何努力，就可获得珍奇物品和不菲金币。2011 年 7 月，《地下城与勇士》推出 70 级版本时，不管玩家是在杀怪还是站着发呆，只要在线时长超过 3 小时，就可获得 1000 点卷、"盛世狂欢"称号和属性不错的宝珠，按拍卖行相似物品的交易价格，这些物品的总价值约为 1000 万金币。

从网游金币获得渠道的分析可以发现，网游世界的致富之路远比现实世界平坦。现实世界的青年人，金钱匮乏，更令人沮丧的是，即使愿意一天工作 12 小时，也难觅生财之道。网游世界内，玩家只要勤上线，多杀怪，就能成为百万乃至亿万富翁。网游世界内，穷学生也可穿名牌(指稀罕的武器、装备、宠物等)、摆排场、送豪礼。网游的规则也鼓励玩家挥金如土、一掷千金。《天龙八部》内婚礼分一般、中等、豪华三个档次，所费金币分别为 52 万铜板、520 万铜板、1300 万铜板；成功结婚后双方可在月老处各领一枚戒指，婚礼越豪华，戒指的属性值越高。此外，网游世界内还有生日、毕业(指玩家扮演的角色达至最高级)、生子等喜事，每逢这些喜事，好友的贺礼动辄上百万金币。现实世界中富豪、明星们的排场、奢华在网游世界内不再遥不可及，李白"千金散尽还复来"的洒脱在网游世界也不再是口头豪言。

网游世界内，穷学生也可穿名牌(指稀罕的武器、装备、宠物等)、摆排场、送豪礼。

毕业：指玩家扮演的角色达至最高级。

网游世界的丰饶财富不只表现为金币落如雨，还表现为资

〔1〕 天龙八部官方网编辑部.月宫有珍兽，玉兔下凡来.天龙八部官方网，2007－09－20.

源的取之不尽。现实世界遵循能量守恒定律，一部分人资源丰富，必然伴随另部分人资源匮乏。网游世界的资源由 1 和 0 两个数字编码而成，每种资源的总量都是无限的。山上的矿石、湖里的鱼虾、洞窟的珍宝并不因他人的获取而减一分一毫。这一规则确保每位玩家都能企及心中的目标。网游世界里，成功的是大多数，失败的是极少数。

有人会说，以道具收费为营利模式的网游里，现实中的有钱人可用货币购买网游金币，然后购买其他玩家须经年累月才可获取的资源。这是事实，现实世界的有钱人在网游世界依旧会先人一步。但网游是大众商品，它的收入由少数有钱人的一掷千金和几百万普通玩家的锱铢小钱构成。所以，网游须保持平衡性，既要让富有玩家获得有钱的自豪感，又要让普通玩家获得勤奋努力的成就感。为达成这种平衡，网游研发商将游戏世界的资源分成可交易与不可交易两种。可交易的资源可凭勤奋努力得到，也可凭金钱转瞬拥有；不可交易的资源只能靠勤奋努力才可得到。《地下城与勇士》内有种神器叫悲鸣项链，它能提高角色攻击力的 8%，只能用 100 个朦胧记忆中的故事和 200 个戮蛊的眼睛换得。朦胧记忆中的故事凭杀怪一天只能获得 2 个，有钱人可用 10 个可交易的戮蛊的眼睛再获 1 个。这样算下来，普通玩家最少要 50 天，有钱的玩家最少要 34 天才能获得悲鸣项链。《地下城与勇士》以道具收费模式盈利，像悲鸣项链这样的不可交易产品还有很多，如泰拉石武器、真野猪套装、各职业的史诗级装备等。这样看来，网游世界内，普通玩家与有钱玩家确实存在差距，但这差距不是天壤之别，也没有无法逾越的鸿沟。从这点上说，网游世界比现实世界更平等些，对网游而言，出身并不决定命运，勤奋努力可通罗马。

现实世界中的人，即使权倾一方，富甲天下，也难阻时光流逝，曹操也感慨“神龟虽寿，犹有竟时；腾蛇乘雾，终为土灰”。时光一去不复返，我们追求“人生自古谁无死，留取丹心照汗青”，是谓“生有涯，活无限”。网游世界的生命却不是这样，它能“生无限”。

生命无限在网游内最常见的表现是死而复活。玩家刚进入网游世界时，系统都会提供一定的立即复活的机会。《征途2》内，角色1～20级时，死亡后可原地复活；《地下城与勇士》会送给每个新角色10个复活币，消耗1个复活币可获得一次原地复活机会。随着角色的成长，死亡到复活会有一个过渡仪式。《魔兽世界》内，角色死亡后，画面变为灰白色，角色呈现为透明的躯壳，须由精灵召回失散的灵魂才能复活；《地下城与勇士》中，角色死亡后会自动返回城镇，并处于虚弱状态，一定时间后才能复原。不管是立即复活还是等待复活，网游世界内，角色死亡并不代表万事休，而是处于和休息一样的状态。

网游世界内，角色死亡并不代表万事休，而是处于和休息一样的状态。

生命无限的表现之二是分身饰演自己。网游世界内，玩家只有一个，角色却可以是上百个。《地下城与勇士》中，每个QQ账号在一个区可建12个角色。《地下城与勇士》共有17组服务器，每组服务器至少3个区。算下来，玩家一个账号最多可建612个角色。当然绝大多数玩家不会建这么多的角色，他们大多只建几个角色，或性别不同，或职业不同。下图是一位玩家在《地下城与勇士》中创建的四个角色，职业分别为圣职者、男格斗家、鬼剑士和暗夜使者，这四种职业在《地下城与勇士》世界里经历的山河窟渊虽然相同，但外观、能力、技能迥异，玩家操控新角色，能获得与旧角色不同的游戏体验。也有玩家创建与旧角色相同职业的新角色，这新角色就有了“孩童的身体，成人的智慧”，这种创建新角色的方式将“重来世界走一遭”变成现实。

新角色不单是重来演绎一番故事，它还能与旧角色发生关联。旧角色往往级别高、能力强，新角色刚好相反。于是，旧角色往往扮演家长的角色，它在网游世界勤奋打拼，获得丰富资

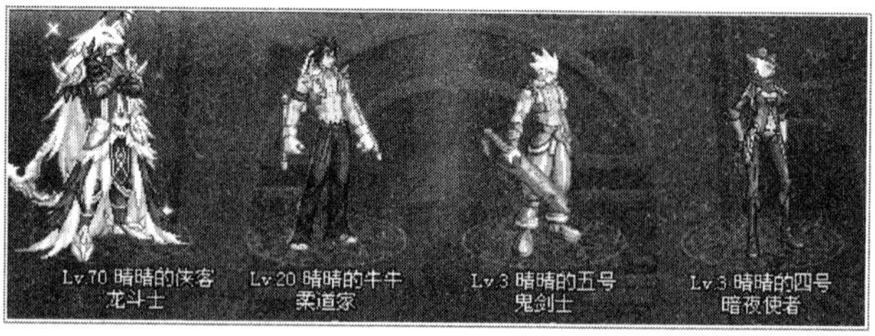

同一账号下的不同角色。网游内，一个玩家可分身饰演不同角色，它使一个人组建一个家庭，重来世间走一遭成为现实。

源，然后送给新角色，让新角色吃香的、用好的、穿美的。当然，也有玩家让新角色勤奋打拼，然后进贡给旧角色，让旧角色更加强大。更有意思的是，旧角色与新角色可同时登场。当新角色遇到打不赢的怪、过不去的坎时，旧角色可以跳出来带新角色渡过难关。也有玩家让一个角色去屠怪杀妖，另一个角色摆摊设点，拯救世界和勤劳致富两不误。由于游戏的人气以角色数量计算，所以网游运营商并不反对这种行为，有时甚至鼓励玩家分身饰演自己，采取的策略往往是大号（等级高的角色）得金币，小号得经验值。《征途》中，同一账号下的大号带小号，大号可以获得荣誉值，累积一定点可以兑换金币；小号除获得自己的经验值外，还可得到大号的经验值。

生命无限还有一种表现是游戏不止，生命不息。玩家创建角色后，角色在网游内的所有信息就储存于运营商的服务器，只要游戏仍在运营，角色的信息就永远存在。有些玩家即使删掉电脑内的网游客户端，十年后再登录，也会发现角色还在那里，安然如昔。天涯论坛（www. tianya. cn）有句有意思的发问：如果我们死了，我们的 QQ 号怎么办？这一问题的默认前提是人死了，QQ 号还存在。网游世界也一样，玩家活着或者死亡，角色都在那里。即便玩家删掉角色，角色都不会真正死亡，它就存于网游服务器的某个角落。只有当这款网游停运时，角色才真的 game over。

从网游的财富、资源、生命规则上看，网游有意建构一个异于现实的世界。这个世界里，资源丰富，众生平等，人人可计日成功，错了能从头再来；而现实世界中，资源匮乏，出身决定命运，前途未卜，一旦作出决定就覆水难收。考虑到众多玩家是青年人，这种对比更加鲜明。这也是网游能够迷住玩家的原因之一。

真实的虚拟世界

从网游的故事、场面、规则的分析可以发现，网游创造了一个真实的虚拟世界。真实性表现为角色是有生命的。好莱坞有部著名的科幻影片《异次元骇客》，片中的主人公利用网络技术创造了另一个世界，此世界的每个人在另度空间都有对应的生命。而令主人公意想不到的是，他却是另一人在此空间的生命。和这部影片一样，角色就是玩家在网游空间的生命。这一生命有自己的表情、服装、行动；它与其他角色发生互动，建立或友朋、或师徒、或夫妻的关系；它还可以发展自己的爱好，拯救世界，整蛊搞怪，买进卖出，游山玩水，收珍探奇。这些纵贯于角色从小到大、由弱变强的成长过程，以及过程中的摸爬跌打、辛酸苦辣、甘甜欣悦，玩家均可一一体验。

虚拟性表现为网游世界的浅白性和过度性。网游世界是个浅白得一眼就可看清的世界，它没有笑里藏刀、浑水摸鱼、风吹两边倒式的复杂，只有非人即怪、非友即敌式的简单；它的成功之道也不像现实世界那样难以寻觅，勤上线、多"杀人"就可企及心中的目标。这个浅白的世界又是过度的，它充斥着人间罕有的美色，财富唾手可得，资源取之不尽，生命无限；同时，场景、灯光、声音均为世间所未有。

网游世界是个浅白得一眼就可看清的世界。

真实性与虚拟性并存使网游世界能很好地满足玩家的幻梦。视听的愉悦、美色的诱人、财富的拥有、成就的达成在网游世界都能得到实现；这些满足不是观看他人演绎故事时产生的移情，而是由玩家在另度空间的生命亲身体验。更令玩家着迷的是，真实而又虚拟的特性使网游成为一个开放性的文本，玩家可以借助网游的资源创造自己的故事，或交朋结友，或炫耀技巧，或以之为职业，或以之为恶搞对象……网游的浅白因玩家的参与而复杂起来。菲斯克说："大众快感来自人们创造意义的生成过程，来自生产这些意义的力量。如果只接受现成的意义，无论这些意义多么关键，也没有什么快感可言。"[1]按照这句话，每一为受众喜爱的大众文本，都能让受众从中生成自己的意义。网络游戏不同的地方在于，它提供了一个主导性的故事，好像这是网游的现成意义，但它同时搭建了诸多与主线相关或不相关的平台。在玩家以为自己在网游世界发展了个人的故事的时候，殊不知这些个人故事正是网游世界的题中之义。从这点来说，网络游戏比一些大众文本更具欺骗性，它能让玩家获得生成个人意义的假象。

"真实的虚拟世界"，这也是网络游戏的表征。

现在，我们可以回答本部分提出的问题了，网络游戏的迷人处并不在于某一特定因素，如故事精彩、场面动人、互动性强，而是这诸种因素共构，使网络游戏成为"真实的虚拟世界"，这也是网络游戏的表征。

"真实的虚拟世界"这一表征既将网络游戏与现实世界区分开来，也将网络游戏与单机游戏、网页游戏区分开来。现实世界只有真实性，世人能从中生成无限意义，这是现实世界的迷人处；但人的欲望无限，情欲、财富、成就的实现在现实世界不是每个人都能达成的。单机游戏只有虚拟性，游戏的故事曲折动人，场面、声音甚至比网络游戏更为细腻、传神；但玩家只能演绎系统设置好的他人的故事。网页游戏虽然兼具真实性与虚拟性，

---

〔1〕 约翰·菲斯克.理解大众文化.王晓珏，宋伟杰，译.北京：中央编译出版社，2001：153.

但它只有“真实的虚拟世界”的影子。网页游戏中的角色有从小到大的成长过程,但这过程是由系统自动完成的;网页游戏内的场景、灯光、声音异于现实世界,但设计简单,很多都只是代表性的符号。这种“真实的虚拟世界的影子”或许正是网页游戏研发商的有意之举,他们以这种方式塑造了网页游戏可边玩边工作、随玩随放的特征。

网游世界因各类玩家的参与而丰富起来。有实现的愉悦，也有无为的安然；有认同的嬉笑，也有揶揄的狂欢；有自给自足的满足，也有一掷千金的炫耀。对年轻人来说，网游的神奇在于每个人都可从中找到自己的快乐。但在网游商的诱引和主流社会的误解下，年轻人的迷醉、迷狂只是集体的私语。

玩家的狂欢与孤单

每款网游都有自己的世界观，或追求个人实现，或提倡团队协作，或导向文明世界，大型网游更是尽数包罗。如《魔兽世界》以史诗性的故事让玩家体认文明世界的重要性；创设DKP（Dragon Kill Points，屠龙点数。西方文化中，龙是具有强大本领的邪恶动物，需要勇士组队才能将其击败。屠龙点数代表着勇士对团队贡献的大小，它是分配副本首领掉落的装备的依据）制度让玩家认识到团队协作的必要性，并培养多劳多得、少劳少得的意识；通过战斗来提高玩家的分析能力和领导能力。[1] 百度魔兽世界吧有个论帖：为什么喜欢《魔兽世界》？跟帖里既有说这款网游让人体验到个人实现的快乐、团队协作的狂欢，也有叙述在这款游戏里发生过令他记忆深刻的小故事。菲斯克说过“大众快感来自人们创造意义的生成过程……（大众文本的）现成意义无论多么关键，也没有什么快感可言”[2]。上述论帖却告诉我们，网游世界内，玩家体验的即使是现成意义，也感到快感连连。这并不是菲斯克的论断有误，而是因为网络游戏“真实的虚拟世界”的特征使玩家在网游世界的一切体验都带上个人生产的假象，即使体验的是网游预设的世界观、价值观，玩家也认为是自己生产出来的意义。

DKP：Dragon Kill Points，屠龙点数。西方文化中，龙是具有强大本领的邪恶动物，需要勇士组队才能将其击败。屠龙点数代表着勇士对团队贡献的大小，它是分配副本首领掉落的装备的依据。

霍尔认为人们对媒介文本的解读有三种方式：霸权式解读，解读出的是编码者预设的意义；协商式解读，解读出的意义在整体上与编码保持一致，但在局部生成适合于它本身团体的意义；对抗式解读，以一种与编码者完全相反的方式去解读媒介文

〔1〕 Angeline Khoo，Matthew J.Hal.家有玩主.汤斌浩，译.北京：清华大学出版社，2010.

〔2〕 约翰·菲斯克.理解大众文化.王晓珏，宋伟杰，译.北京：中央编译出版社，2001：153.

本。[1] 按这种划分，网络游戏的消费也可分成霸权式、协商式、对抗式三类。由于这三类消费方式在网游内都以生产式的假象出现，本部分就对这三种网络游戏消费方式一一加以分析，并比较它们的关系与现实意义。

遵命的狂欢

霸权式消费表现为玩家按照网游商的导引行动。网游世界内，系统会以各种方式导引玩家去追求团队协作、个人成就的快乐，或任务引导，或奖品诱惑，或言语刺激。《魔兽世界》中，副本首领本领高强，凭个人力量根本无法击败，这促使玩家组团建队；一些网游还推出各种活动来鼓励玩家组建团队，如《地下城与勇士》中，玩家组队屠妖杀怪，会获得额外的经验值。追求个人成就也一样可获得鼓励，只不过具体形式有所不同。网游内的每一角色都会头顶以数据标示的级别，告诉玩家自己和其他玩家其曾经的经历；每逢角色获得个人成就，系统都会昭告全服务器。《征途》中，某国国王为某角色所杀时，系统会在全服务器玩家的游戏界面上登出“天哪，×国国王为××所杀”；《地下城与勇士》中，玩家练至最高的70级时，系统会放烟花以表祝贺，并昭告全服务器：恭喜玩家××达到70级。在网游的导引下，很多玩家体验到团队协作与个人成就的快乐。如《三联生活周刊》对《魔兽世界》玩家“昆哥”的报道：

> 昆哥具有好胜的性格，不管做什么，都非赢不可。在《魔兽世界》里，他最喜欢玩副本，人称“副本机器”，

---

[1] 斯图亚特·霍尔.编码，解码.王广州，译//罗钢，刘象愚.文化研究读本.北京：中国社会科学出版社，2000：351—365.

在他看来，副本是整个游戏中最具戏剧性和竞争性的内容。他之所以从来没有对《魔兽世界》厌倦过，就因为世界各大公会就副本进度的竞争从来没有停止过。“只要暴雪给我们足够好的内容，让世界上最好的公会在一个公平的基础上互相竞争，我就能保持足够的兴奋度来玩这个游戏。”

昆哥一手创办了 Nihilum 公会，并率领公会几乎包揽了《燃烧的远征》时代所有重要 BOSS 的首次击败。昆哥取得的成就让很多“魔兽”的粉丝对他产生了崇拜，有人会给他打电话，街上抓住他要签名，他走出比赛现场，甚至有人会下跪，泪流满面。昆哥说，“我享受这种名气，至少觉得很好玩”。[1]

昆哥是按照《魔兽世界》的导引一步步成功的，他获得了个人成就和团队协作的双重愉悦。对大多数魔兽玩家来说，昆哥的成就是个难以企及的梦。但普通玩家也有他们的快乐，这些快乐有的来自于阶段性的成就，如经过一天的奋斗，角色晋升一级，或三五个天南地北的好友，在网络世界组队打败了难缠的副本领袖、击退了另一团队的进攻；也有来自于团队协作中的点滴小事，如爱老虎游团队创作的网络视频《网瘾战争》中一名女性角色对会长“五折叔”的虚构表白：

会长，我魔兽玩得晚，我记得我 12 级的时候，是你给我买的包，加我入会；34 级的时候，我去做血色的任务，你带我打了四个 BOSS，还教我点了天赋；公会开荒的时候，我想去跟你们一起打，但是我加血加得不

〔1〕 李伟.“魔兽”社会.三联生活周刊，2009(43).

好，去不了，我就在副本外面帮你们送药、做好吃的，希望你们能早点打过。现在我一身紫装了，刚想和你打副本，又要关服了。会长，以前没机会给你加血，现在让我给你加一加吧。五折叔，当初你带我打血色的时候，你说：小骑士，你躲我身后就行，我保护你……

阶段性的成就和小故事，让网游世界变得温馨、有意义。

这段对白虽是虚构的，但对白中的小故事在网游世界却真实发生着，只不过对白把发生在诸多角色身上的故事放在一个角色上。正是这些阶段性的成就和小故事，让网游世界变得温馨、有意义，玩家通过这种消费方式获得现实世界所没有的热闹与温情。

玩家在网游内追求个人成就、团队协作，不仅为网游商大加欢迎，也得到了主流社会的认可。网游商大加欢迎是因为玩家这样做会在网游世界停留更长时间，会购买更多更好的服装、武器、消耗品等道具，对以时间收费为盈利模式的网游来说，时间就是金钱，对以道具收费为盈利模式的网游来说，道具就是金钱。主流社会给予认可是因为追求个人成就、团队协作代表着进取、团结、互助，这是主流社会推崇的价值观。为进一步导引玩家这种消费方式，游戏商与主流社会合谋推出世界电子竞技大赛（World Cyber Game，简称 WCG）。世界电子竞技大赛于2000 年创立，以后每年举行一次。大赛内容是来自世界各地的电子游戏高手在专设场地公平对决。全球赛区的冠、亚、季、殿军都可获得丰厚奖金，两次或两次以上获全球总决赛冠军的选手和队伍更可入选世界电子竞技大赛名人堂。冠军不仅可获得大赛奖励，还可享受到游戏迷们的崇拜。2003 年 10 月 19 日，该年度 WCG 总决赛冠军、来自瑞典的世界著名 CS 战队 SK 一行五人抵达上海，受到了英雄般的欢迎。SK 上海见面会在徐家汇美罗广场举行，到场有两千多人。当天下午歌星孙燕姿也在东方明珠参加活动，场面还比不上 SK 的见面会，这让孙燕姿的歌迷很不服气：为什么一个歌星的号召力还不如几个打游戏的孩子？[1] 这使每年的世界电子竞技大赛成为电子游戏玩家的狂欢节，不仅选手们磨拳擦掌，而且有百万计的玩家守在电脑前观看直播赛事。为激发玩家参赛的热情，主办方在宣传、场地安排上煞费苦心。下图是 2004 年世界电子竞技大赛决赛的场景，选手们团团围坐，明亮而温暖的灯光照着他们，表示来参加决赛的选手都已荣光满身。世界电子竞技大赛的口号是“Beyond the game”，2004 年的主题曲也以此为名，歌词译成中文是：

不断超越/超越游戏本身/我们原来彼此相识/通过网络魔法般的瞬间/激情驱使着我们去战胜对手/面对面，用心去享受游戏/现在，挑战正站在我们面前/让我们超越游戏本身/通过这里我们来到了游戏的世界/我们必须选择自己的命运/我们在此庆祝胜利/一起超越游戏/超越游戏/最终时刻即将到来/我们需要的只是确信我们能行/我们将坚信不疑/超越游戏/超越游戏/这就是世界电子竞技大赛/队员在这里，我们是正确的/我们正被一种强有力的力量组建在一起/大家为我们各有

2004 年世界电子竞技决赛场景。明亮而温暖的灯光照着竞技的选手，表达着主办方、网游商、主流社会对他们的认可。

〔1〕 米金升，陈娟．游戏东西．广西：广西师范大学出版社，2006：164.

所长而感到庆幸/周围的世界充满了激情，去游戏/全世界都在关注/这里的一切将会被每一个人所了解/让我们超越游戏本身

据世界电子竞技大赛官网介绍，大赛的宗旨是促进人们在网络时代的沟通、互动和交流，促进人类生活的和谐与愉快，但大赛的口号、主题曲和内容却告诉我们，它的宗旨是鼓励玩家结成团队，击败别人，并将这种精神贯彻到现实生活中。世界电子竞技大赛被誉为“电子竞技中的奥林匹克”，但它与奥林匹克运动会是不一样的，奥林匹克的精神是超越自己，达到更快更高更强的目标。所以，与其说世界电子竞技大赛促进人类生活的和谐与愉快，不如说它在导引玩家按游戏商和主流社会认可的方式消费电子游戏。当然，我们也不能完全否认世界电子竞技大赛对玩家的积极意义。它提供了一个很好的交流平台，让世界各国的玩家在公平的规则下展示自己，获得彼此的尊重与认同。

网游追求个人实现的消费方式衍生出炫耀性的消费方式。采取这种消费方式的玩家把游戏当成个人成就展，他也刷副本，也孜孜以求神器，但刷副本、求神器的目的不只是获得击败难缠首领、收获珍奇的愉悦，更是为了得到其他玩家的艳羡。《魔兽世界》玩家“云星”，他在魔兽世界搜罗珍奇，炎魔锤、逐风剑、黑虫坐骑、蛋刀、橙弓等为其他玩家梦寐以求的装备他都已搜罗在手。他最享受的是他的装备一拿出来，就引来周围许多人围观赞叹，即使这些装备与他的职业不符。[1] 云星这种炫耀心理是大家都有的，青春年少，谁没有虚荣心呢？云星炫耀展示的方式也是玩家最常见、常用的，那就是即时炫耀。即时炫耀有点像现

〔1〕 李伟.“魔兽”社会.三联生活周刊，2009(43).

实生活中的惊鸿一瞥，惊叹过后却不能拿来仔细端详。有些玩家为了让即时炫耀更长久些，就站在一地不动，供其他玩家长久瞻仰，网游里把这叫做"站街"。"站街"时，其他玩家可以点开角色的个人信息图，了解他的能力、武器、服装属性。这一过程中，观者与被观者还能互动、交流，或表示赞叹，或表示鄙夷，或询问神器出自何处。

有些玩家为了让即时炫耀更长久些，就站在一地不动，供其他玩家长久瞻仰，网游里把这叫做"站街"。

惊鸿一瞥也好，"站街"也罢，这些炫耀性展示都会囿于时间、空间。惊鸿一瞥的时空限制很好理解，"站街"的时空限制性却让一些非网游玩家难以理解。网游世界是个界限分明的世界，不同服务器的角色不能互通往来，"站街"只可为本服务器的玩家看到。为求炫耀展示的范围更广、时间更长，一些玩家就将自己的游戏成就形成图文，或制成视频上传至网络。这些图文、视频的作者的制作心理有的是炫耀、交流共存，如《地下城与勇士》玩家"巴黎乖乖"制作的视频《乖乖 3 无 5 分钟幽灵列车王心得》，不仅展示了他在 5 分钟内无消耗通过了王者级的幽灵列车，还配文详解用什么方法击败幽灵列车内的各种怪物；也有只是出于炫耀的，如《地下城与勇士》中的玩家"旭日宝宝"，他制作了很多游戏视频，这些视频没有讲解，只有炫耀，我们从他一些视频的名称，如"旭日宝宝裸奔机械牛"、"旭日宝宝 1 分 57 秒过悲鸣"、"旭日宝宝 1 分 24 秒吃野猪"，就可以看出这种用意。

炫耀性展示发展到极致就成了攀比。攀比只求超越他人，为达至目的，玩家有时会做出有悖常理甚至疯狂之举。如《地下城与勇士》的玩家"一夜又一寂"，他有徒弟、有公会，但他进入游戏并不是了解徒弟、公会的发展现状，而是看他这一职业的其他玩家在综合实力上有没有超越他的。寻遍全区没发现一个后，他就很满意地离开游戏，然后几天不上线；如果发现有超过他的，他就很抓狂，会接连几天在游戏内收集更好的装备。疯狂的攀比之举在玩家的"刷喇叭"行为中常可见到。喇叭是网游世界中的一种道具，在以道具收费为盈利模式的网游中须付费购买。玩家使用此道具发言，文字可在当时所有在线玩家的游戏界面显现。逢自己、好友喜事临门，玩家可刷喇叭表示喜悦、感谢、祝福，刷的喇叭越多，代表心意越浓厚。这类似于现实世界中电台、电视台的点歌节目，点的歌越多，祝福越浓。但国服网游中，刷喇叭最多见的情形是两个人或两拨人互相对骂，喇叭数量的多寡成了胜负的标准，为求在对骂中获胜，双方疯狂地刷喇叭，谁也不甘心偃旗息鼓。刷到极端，喇叭内文字已没有更新，只有前次内容加数字 1，2，3……代表着重复上述内容的次数。较离谱的一次是 2011 年 11 月的《地下城与勇士》中，广东一区分别以玩家"cwgg"和"嘻嘻"为中心的两拨人一天内共刷了 4 万多个喇叭。按当时人民币与游戏币的兑换率，价值约 8 万元人民币。[1] 刷喇叭对骂将攀比由私人之事发展成公众之事，它霸占着玩家的游戏界面，妨碍了其他玩家间的交流、协作。

刷的喇叭越多，代表心意越浓厚。

攀比心态下，网游玩家被不成文地划成了贫民（也叫难民）、平民、土豪三个等级。贫民只拥有系统送的武器、装备、首饰，是网游世界的下层阶级；平民拥有高级的装备、武器、首饰，有时也有宠物，是网游世界的中产阶级；土豪拥有高强的装备、武器、首饰，有多个宠物，他击杀不同的副本首领，会用不同的武器，带不同的宠物，是网游世界的富有阶级。攀比故事中，土豪是主角，平民、贫民是看客、哄客。《地下城与勇士》河北四区的玩家"暴力♂族长"，他在论坛贴出角色个人信息和所有装备属性图，并放言"你在全《地下城与勇士》找出一个超越我的散打，我马上删号"。没过多久，有玩家贴出超越暴力♂族长的浙江一区玩家"泽斯"的角色个人信息和装备属性图。知道这个事后，

〔1〕 胭惜雨．广东 1 喇叭大战，造就国服吉尼斯新纪录．游久 DNF 专区．

暴力♂族长说："算了，本人说话算话，后天强化手上13的武器，如果失败正式删号，成功我也破例再超越他。"强化失败后，他没有删号，而是说："想通了，做好自己，有好的心态才最重要，如果我在浙江一区，他是超越不了我的。还有，我告诉那些想我删号的人，我没被超越，只是我的戒指和辅助装备没换，换了一样比他强"。[1]

贾岛有首《述剑》诗云："十年磨一剑，霜刃未曾试。今日把示君，谁有不平事?"诗人托剑言志，抒发自己兴利除弊的抱负，这是主流社会认可的一种方式。网游世界的炫耀性消费并没有什么兴利除弊的抱负，只有"今日把示君"，以求攀比的快感，这是主流社会不认可的消费方式。但这种消费方式在网游世界屡见不鲜，且未见衰退，其中原因与土豪们的虚荣心、看客们的哄闹不无关系，但更大原因在于游戏商对炫耀性消费的推波助澜。暴力♂族长的攀比故事结束后，游久网《地下城与勇士》论坛特意做了一期暴力♂族长的专访，名为《DNF名人志第四期：超越极限，暴力族长》，从文章名中的"名人志"、"超越极限"等词语可看出游戏商对攀比式消费的嘉许。更见出游戏商这种心态的是嘉宾介绍和访谈实录：

> 他敢于挑战国服所有男散打，当有人比他强的时候，他就宣布卖号走人。同时一个真的土豪，也是一个能够放下的男人。他的名字叫暴力♂族长。

采访实录中有15次对白，其中的7次是：

---

〔1〕 详情见《河北四区神豪现身，挑战全服DNF玩家求超越》、《河北四武极已被超越，看浙江一泽斯碉堡》、《河北四区神豪暴力族长最新动态，回应超越》等论帖。出处：网游巴士dnf论坛(dnf.tgbus.com)。

……

胭惜雨:你那一身神装花了多少钱?

暴力♂族长:具体的没去算过,反正挺多了。增副这身装备真的不容易,碎的更多。5个号了,那都是自己强化,初步算下也得30多万了吧!

……

胭惜雨:你以后还会玩DNF吗?

暴力♂族长:可能会吧,因为这是我玩游戏以来第三个自己非常喜欢的游戏。

胭惜雨:DNF哪里吸引你呢?

暴力♂族长:以前是刷图和强化。现在则是增副,我喜欢那种成功与失败瞬间的感觉。

胭惜雨:那把+12的68粉武器,是你买的还是自己强化的?

暴力♂族长:从会里其他玩家手上买的0的武器,然后用12的强化券强出来的。

胭惜雨:12的强化券是多少钱买的?

暴力♂族长:1500RMB。

胭惜雨:你觉得自己花那么多钱值得吗?

暴力♂族长:这个要看你以什么心态来看了,我没其他的爱好,不抽烟,不喝酒,晚上也不出去泡吧。唯一的爱好就是工作之余用它解压,娱乐放松下自己。我个人认为值得。

胭惜雨:你其他号如何呢?

暴力♂族长:其他号也一样的命运,碎光了。

……〔1〕

〔1〕 胭惜雨.超越极限,暴力♂族长.游久网dnf专区,2011,11.

这期对话实录还配有暴力♂族长多张角色属性图。对话与配图告诉读者暴力♂族长更多不为人知的值得炫耀的地方，嘉宾介绍表现了游戏商对暴力♂族长在网游世界一掷千金行为的赞赏。游久网《地下城与勇士》专区的《DNF名人志》至该期共做了四期[1]，这四期嘉宾的故事虽各有不同，但他们在《地下城与勇士》世界里都因炫耀而出名，访谈的主题都是发掘这些所谓名人的更多值得炫耀处。玩家对网游采取炫耀式消费方式，表面看来生成了自己的意义，实则早在游戏商的算计中。在土豪们为炫耀攀比竭尽心力，贫民、平民们为炫耀攀比哄闹、煽风点火时，游戏商正在一边窃喜。

在土豪们为炫耀攀比竭尽心力，贫民、平民们为炫耀攀比哄闹、煽风点火时，游戏商正在一边窃喜。

支线变主线

网游的协商式消费指玩家总体上承认这款游戏有意义，但在一定程度上利用网游资源生成自己的意义，这一意义与网游的编码意义有出入，但并不为网游商明确反对。常见的协商式消费表现为支线变主线、寻找网游文本的裂缝和网游Cosplay。

前文中，我们分析了网游的故事有主线和诸多支线，主线引导玩家体验网游的世界观、价值观，支线支持主线或活跃游戏气氛。网游商的初衷是玩家按主线体验游戏，偶尔发展支线故事。但有些玩家反其道而行之，在网游世界不杀怪、不屠城，终日游山玩水、搜珍集奇、交朋结友。如《魔兽世界》的主要内容是玩家通过个人修炼、团队协作，与燃烧军团、巫妖王及蛊惑的人斗，最终获得个人实现，体认合力协作和文明世界的重要性。但玩家“BJ”却认为，《魔兽世界》最大的乐趣在于发掘游戏里面各种稀

在网游世界不杀怪、不屠城，终日游山玩水、搜珍集奇、交朋结友。

〔1〕 前三期为《史诗大帝，青岚》、《站街最强，风V痕》、《文武双全，莫子潇》，出处：游久网dnf专区。

奇古怪的地方。他会一个人去爬山，游泳，客串奸商，躲在没人的地方钓鱼，或者和小妹妹看日出。为了抓一只宠物，他可以在树下连续盯上40多个小时，如痴如醉，跟谈恋爱一样。BJ的乐趣是一个人的快乐，网游内还有一群人，他们的快乐不是源自协作御敌，而是来自玩家间互相关怀的温暖。如《魔兽世界》玩家"蛀牙"说："'魔兽'给我的乐趣，是跟人交流的乐趣，而不是玩的乐趣。我的快乐都是建立在友谊的交往之上。"她不喜欢在游戏里打打杀杀。她是联盟的人，但从不杀部落的人，也杀不过他们。遇上有人要砍她，就一逃了之。万一逃不过，也就乖乖被戮。4年来，她习惯了有这样一个地方，有这样一群人，每天上线都会相互打个招呼，然后在一起愉快地聊天，今天某某结婚了，某某生孩子了，哪儿哪儿下雪了，有一搭没一搭的，和上大学时宿舍里一帮女生凑在一起闲聊一样。[1] 聊的内容并不重要，关键是在聊的过程中，大家感受到彼此关心着。对BJ和蛀牙来说，文明的实现、集体的荣耀、个人的成就都是美好的，可他们就是更喜欢游戏里的点滴小事。这又有什么关系呢？每个人在规则允许范围内选择自己喜欢做的事，这就是文明社会的特征。

BJ和蛀牙的个人故事是与世无争型的，他们的行为不会对其他玩家的游戏故事造成影响。还有一种支线变主线是玩家的故事会引起网游世界的轩然大波。《魔兽世界》玩家"三季稻"隶属部落阵营，常年游走于暮色森林和荆棘谷，他最大的兴趣就是杀联盟阵营的玩家，不管你是才子佳人还是面目狰狞，不管你是我本善良还是蛇蝎心肠，只要你隶属联盟阵营，只要他杀得过，就绝不放过。由于他常年如一日地杀戮，他所在的艾萨拉服务器由联盟优势变成了部落优势。按现实世界的逻辑，三季稻是欺负弱者的狭隘民族主义者，他身体内满是希特勒的基因。但

---

[1] BJ、蛀牙的故事.详见李伟."魔兽"社会.三联生活周刊，2009(43).

由于网游世界的死亡是与休息一样的状态，三季稻的行为并未使其成为众矢之的，反而让网游世界的热闹更添一分。联盟阵营的玩家视三季稻为“野外 BOSS”(意为副本外的强大怪物)，常组队潜伏于他经常出发的地点，以诛杀他为荣。部落阵营的玩家视三季稻为英雄，以会他一面为荣，为表示对三季稻的钦慕，有些玩家给角色取名“一季稻”、“二季稻”、“四季稻”，还有人给角色取名“袁隆平”。更有好事者为三季稻作传：

“野外 BOSS”：意为副本外的强大怪物。

> 在今天，你可以不知……也可以不知杂交水稻，但是你不能不知三季稻。
>
> 随便把艾服最顶级的骨灰从拍卖行里揪出来，问问他：“瓜娃子你晓得三季稻不？”不管是 9T3 还是 R14 都会立刻打一个激灵，然后立正，严肃地对你说：“我当然晓得，以前我们的屁股经常吃他的秒杀大火球。”
>
> ……〔1〕

三季稻恃强凌弱的行为最终演绎成集体狂欢，但这并不表示玩家们对恃强凌弱行为的激赏。我们应联系现实世界来分析这个现象。现实世界充满着规则，于年轻人而言这种情况更甚，成年人经常训告年轻人，这个不许碰，那个不许摸。年轻人心中充满不平之气，但又无处发泄，三季稻突破常规的行径为此提供了一个宣泄口，玩家因参与这一集体狂欢而获得突破俗规的想象性满足。

玩家因参与这一集体狂欢而获得突破俗规的想象性满足。

对于玩家将支线变成主线的行为，绝大多数网游商并未明确反对，即便如三季稻的极端行径，《魔兽世界》的运营商也听之

〔1〕 猪老三他哥.莫愁前路无知己，天下谁人不识君：记三季稻君.来源：天涯论坛。

任之。但网游商从未放弃将玩家引入主线的企图，它以一种隐蔽的方式在网游世界出现。常见策略是系统每时每刻更新公告，告诉那些游山玩水、闲聊座谈的玩家，“某某获得神器”，“某某高强成功”，“某某杀死一国国王”，禁不起诱惑的玩家就会重返主线。上述热爱闲聊的蛀牙，也禁不住系统的诱惑，参与了一次攻占对方主城的战斗，战斗结束后，她激动地在MSN上对记者说：“昨天我去屠城了，9个团，300多人，整整一通宵，好家伙，机器卡得都快动不了了……可能我这种胆小怕事的人，偶尔也有想一刃敌人的念头吧。”[1]由于在网游里悠游、闲逛、交友并不能给以道具收费为盈利模式的网游带来收益，一些采取此类盈利模式的网游甚至会怂恿玩家走向主线。如《征途》的主线故事是在混乱年代内，各国之间纷争不息，玩家以征服他国而获得个人实现。《征途》规定，战胜国可以自动获得战败国国库的金钱和物资，国家排名由“国战”胜利次数决定，强国臣民的名字下闪耀着一颗颗星星。并且，只要一国国王递交战争申请书，系统就会安排战争爆发的时间。[2] 这让一些爱好和平、只想享受太平治国快乐的国王不得不被迫应战，促使玩家对神器、珍品的渴求度上升。

寻找网游文本的裂缝

寻找网游文本的裂缝是协商式消费的第二种表现，指玩家寻找网游系统中不能自圆其说或有缺陷的地方，然后生发自己的故事。网络游戏体系庞大，尽管研发者处处留心，研发后还会请玩家测试，但难免有所疏漏；由于玩家往往达上百万人，只要

〔1〕 李伟.“魔兽”社会.三联生活周刊，2009(43).

〔2〕 曹筠武，张春蔚，王轶庶.系统.南方周末，2007－12－29.

网游存在纰漏，总会有玩家在某天发现。发现的玩家往往会将此事公之于众，获得一种分享商人缺陷的快乐。《地下城与勇士》的副本痛苦之村的领主野猪狄瑞吉，它喷毒气、起旋风、散碎片，被它伤害的角色很快就会死亡。但它有个致命缺陷，它起旋风时，如果被扔向空中，掉落下地就会一直旋转，且没有伤害力，玩家可尽情虐待它。发现这一缺陷后，就有玩家将之形成文字或制成视频，上传网络，与众人分享这份快乐。我们从一些论帖、视频的名字就能看出这种快乐，如“痛苦之村，小 case，我卡你又怎样”、“卡野猪旋风，元素携手驱魔轻松过痛苦之村王”。寻找狄瑞吉的缺陷说起来很容易，实践操作还是需要一定技巧的，需要抓住时机，同时需要将狄瑞吉扔向空中 5 秒。对《地下城与勇士》中的某些职业来说，卡狄瑞吉旋风是可望不可即的事情。但也有些网游缺陷所有玩家都能抓住，碰见这种机会，那就是玩家的狂欢节了。如《地下城与勇士》于 2011 年国庆节推出的人偶工厂活动，规定红色人偶按 A 键才能击碎，绿色人偶按 S 键，蓝色人偶按 D 键，击碎规定数量的人偶，系统会赠送有一定几率开出传承装备的极品罐子。由于不同颜色的人偶交替出现，且规定击碎的人偶数量与出现的人偶数量相差无几，因此这一活动的难度极高。但这一活动存在一个极大缺陷，只要同时按下 A、S、D 三键不放，然后不停地按 Ctrl 键，所有颜色的人偶都可击碎。于是这一所谓难度极高的活动，变得闭着眼睛都能完成。这一缺陷被发现后，玩家就在公会群、贴吧上分享发现的快乐，更有玩家比拼谁开的极品罐子数量多。

玩家消费网络游戏时，会很自然地区隔出两类敌对方，一类是网游内的怪物、敌对玩家；另一类是现实中的游戏商，二者矛盾在于游戏商要玩家多付出金钱，玩家希望少付出或不付出。寻找网游文本的裂缝让玩家不仅获得战胜怪物的快乐，还能获得战胜网游商的快乐，对发现那些人人都能抓住的网游文本裂

对发现那些人人都能抓住的网游文本裂缝，玩家更能获得“游戏商傻帽”的快感。

缝，玩家更能获得“游戏商傻帽”的快感。网游商于玩家的这类消费中也不是一无所获，他能利用玩家的智慧修补、改正网络游戏的缺陷，以备网游更持久的发展。由于这一原因，加上有缺陷会促使网游人气高涨，网游商对于玩家寻找网游文本的裂缝一般并不加以惩处。但也有例外，《地下城与勇士》中，史诗级装备属性比神器还高一级，是很多玩家梦寐以求的，但史诗级装备是绑定的，不可交易。玩家得到非自己职业适用的史诗装备，不能互通有无，只能分解。但《地下城与勇士》网络游戏存在缺陷，在玩家挑战“死亡之塔”时，可以往地上扔史诗装备。这样，两个玩家就可相约去挑战“死亡之塔”，通过A玩家扔史诗装备在地、B玩家捡拾的方式交易或互通有无。《地下城与勇士》的运营商腾讯公司对此恼羞成怒，给予这种行为极其严厉的处罚，凡挑战“死亡之塔”时往地上扔东西，一经发现，永久封号。永久封号相当于现实中的无期徒刑，考虑到网游中众矢之的的外挂行为一经发现也只封号一年，采用这一惩罚表示腾讯公司对该行为的愤怒到了极点。事实上，这种处罚不符合罪罚相当的原则，玩家的行为固然不对，但错误的源头在网游本身。网游世界里这种胡乱定罪进一步加深了玩家对游戏商的敌意，这反过来增加了玩家寻找网游文本裂缝的快感。

寻找网游文本的裂缝很自然地发展成寻找网游的裂缝。寻找网游的裂缝指不再只紧盯文本，而将视野扩展至网游运营。腾讯公司代理运营的《地下城与勇士》，玩家众多，公司架设的服务器又数量不够，于是经常出现游戏莫名其妙中断的现象，网游里称之为掉线。玩家便戏谑地称这款游戏为“掉线城与虚弱勇士”，在网游公会、QQ群内以“今天，你掉线了吗”为日常问候语，更有好事者截取电影《帝国的毁灭》中苏联红军攻克柏林，希特勒对众纳粹高官怒吼的画面，配上如下字幕：

经常出现游戏莫名其妙中断的现象，网游里称之为掉线。

……这××太疯狂了，老子刚给白手买一套永久时装，一天 24 小时我××的有 10 小时是在挂虚弱，现在又让我最爱的白手，成了人见人欺的活靶子。老子刷图这么烂，还不让我在 PK 场上好好爽爽，这太不合理了，这帮禽兽，×××，狂顶××的肺。

……我早知道就学斯大林也练个柔道了，斯大林的柔道已经上尊 3 了，而我却掉到了 1 段，今天晚上可能就会成 1 级，我 PK 点任务还没做。

荒谬，我昨天刷了两次全图，到 BOSS 都直接给我断开连接，想不到世界上还有比 X 城更烂的服务器，打个电话给 TX，如果不把那几台小霸王服务器换掉，就把他们全体关到毒气室里面一个月……[1]

这部作品将微小的游戏比附为严肃的二战，中间穿插大量的脏话、低俗语、热点语言，表达了玩家对网游的热爱，对运营商的不满，以及对掉线的无奈。这部作品有众多仿作，画面依旧是希特勒对众纳粹高官的怒吼，但针对的对象已扩展至腾讯公司推出的圆梦（玩家称之为"冤梦"）宝盒、春节礼包活动。这类作品在各类视频网站还有很多，它们宣泄了玩家的忿怒，增多了玩家交流、讨论的话题，同时也起着抚平伤痛、麻醉玩家的作用，类似于阿 Q 的精神胜利法，在"儿子打了老子"的满足中继续着被压迫的生活。

寻找网游裂缝的代表作品是以《魔兽世界》为背景的《网瘾战争》，它是"看你妹"系列电影的第三部（另两部为《骷髅党之歌》和《巫妖王择日再开》）。这部作品在制作与内容上都达到了高水准。有别于其他恶搞作品只凭灵光一闪的粗制滥造，《网瘾

[1] 希特勒玩白手狂掉线．土豆网，2009－06－18．

《网瘾战争》画面。它以狂欢化的语言冷嘲热讽了网游商、网瘾专家和相关部门，一句"岂因声音微小而不呐喊"感染的不只是魔兽玩家。

战争》由导演"性感玉米"先写好剧本，邀请玩家于《魔兽世界》内进行表演，截取视频，然后通过网络邀请网友配音制作而成，历时 6 个多月。故事以九城和网易争夺《魔兽世界》代理权为背景，同时展开三条线索：九城与网易争抢代理权的明争暗斗，玩家因"魔兽"代理更易而惶惶不可终日，"看你妹"与网瘾专家杨永新的斗争。中间穿插了诸多热点事件，如房价上涨、钓鱼执法、"欺实马"等。故事以主人公"看你妹"战胜所谓的网瘾专家杨永新而结束。这些故事不只表达了玩家对《魔兽世界》的热爱，对相关部门随意对游戏内容审批和修改、代理公司只顾公司利益而妄视玩家的嘲讽，还借"看你妹"之口表达了对社会不公平的抗议，对网游、社会改革的愿望。

这部作品同样具有狂欢精神，专家、政府部门、网游商变小丑，玩家成英雄，严肃成诙谐，卑琐变庄严。作品以狂欢而不失理性的文字警醒玩家意识到自己的处境，在丑化、嘲讽、奚落中表达自己期望的新方向，反抗中蕴含创新精神。

在丑化、嘲讽、奚落中表达自己期望的新方向，反抗中蕴含创新精神。

寻找网游文本的裂缝还衍生出创造网游文本的裂缝。创造网游文本的裂缝指从故事逻辑上看，网游文本并不存在缺陷，但玩家通过对网游某一资源的创造性演绎，产生出网游文本的裂缝。爱拍游戏网（www. aipai. com）有部视频作品《龙斗士刷真野猪》，其背景声音是：

（背景音乐）

赛丽亚：你好啊！

玩家：哦，你好！

赛丽亚：我叫赛丽亚。

玩家：哦。

赛丽亚：一定要记得我。

玩家：我记不住。

卡妮娜：有什么需要帮忙吗？

玩家：哦，你帮我把这音乐换一下，这音乐听着没激情，没意思。

（音乐换）

卡妮娜：再见了。

玩家：嗯，再见。

诺顿：快过来吧！

玩家：哦！叫我？

诺顿：给你看看我的宝贝，我的东西是最好的。

玩家：你放着吧，一堆垃圾，不要。

诺顿：走好哦，路上小心。

玩家：你啰嗦得很，老头。

土罐：来来来，以钱换钱了。

玩家：这怎么玩的？

土罐：选一个看看吧，绝对没有空的。

玩家：哦！行，这我试一次。

土罐：祝你发大财。

玩家：你不是说没一个空的吗？

土罐：嘿嘿，偶尔有一个空的也情有可原哦！

玩家：××，碰见奸商了。

土罐：欢迎你下次再来哦。

玩家：不会再来了！

（练拳声）

玩家：你好，我想请问一下，那个……那个天空之城怎么走。

风振：我是风拳流大师风振。

玩家：不是，我是问天空之城怎么走。

风振，风，会指引你前进的路。

玩家：你说这个没意义。

风振：如意的根本就是与自然合一。

玩家：我……靠！

（哈欠声）

玩家：你好，我想请问一下……

阿尔伯特：你在找我吗？

玩家：算是吧。

阿尔伯特：我知道你为什么找我。

玩家：呃？

阿尔伯特：你是想学我的技能吧？

玩家：不是，我想问一下……

阿尔伯特：别想利用我，我不会把技能教给弱智的人，你还差得远呢！

玩家：我受不了了！

阿尔伯特：好像是母亲大人的声音。

玩家：此人非主流，见了完结。

阿尔伯特：我为什么这么帅？

（嘈杂声）

玩家：那位大哥，你好！

博肯：你好，嘘……小声点，找我是不是？

玩家（压低声音）：你好，我想问一下，天空之城……天空之城怎么走?

博肯:当然,小声点。

玩家:哦,好,你说吧。

博肯:我在执行秘密任务。

玩家:哦?

博肯:记住,我们现在是陌生人。

玩家:你先告诉我,天空之城怎么走?

博肯:我们不会再见面。

玩家:我……我××××。

博肯:祝你成功。

(沮丧绝望声)

巴尔雷娜大婶:你想要什么? 告诉我。

玩家:我想买个自爆者。

巴尔雷娜大婶:你找什么呢?

玩家:引爆器。

(爆炸声)

视频作品中,赛丽亚、诺顿、风振、阿尔伯特等都是《地下城与勇士》中的NPC。游戏中,这些NPC每天都说着上述话语,这些话语表明着他们的身份,对应着他们在网游文本中的故事。但玩家以这些资源另创一个兴趣盎然的文本后,我们会发现《地下城与勇士》中NPC们的话语是如此的干瘪、乏味、可笑。这有点类似胡戈的《一个馒头引发的血案》,以《无极》的画面另创逻辑严密的文本,来反讽母本逻辑混乱,故事支离破碎。但网游作品比电影体系更为庞大,它的故事是开放性的,玩家反讽并不能就此否认网游故事整体的严谨。这样看来,创造网游文本裂缝的作品的反讽意义是次要的,它主要起分享、展示作用。这类作品交织着两个文本:网游文本和恶搞文本。观众须同时熟悉两个文本才能看出作者的良苦用心，理解作品的主题。上述作品只有《地下城与勇士》的玩家才能尽晓其中奥妙，通过观看、理解，观者与作者交流了对游戏的看法，分享了游戏带来的快乐，作者更借作品展示了自己的创造性。

寻找网游的裂缝和创造网游的裂缝都可划归为网游恶搞行为。恶搞作品中总存在恶搞对象，网游恶搞作品不管是逗乐、搞怪，还是嘲弄、反讽，都宣传了网络游戏。因此网游商并不反对玩家这一行为(也反对不了)，有些网游商甚至热情地邀请玩家恶搞。2007 年，国产网游《布鲁布鲁卡卡》举办恶搞征集活动，设最佳创意奖 1 名，奖品为 Swatch07 情人节限量版手表一块；最令人喷饭奖 3 名，奖品为 Zippo 打火机一只；最令人哭笑不得奖 5 名，奖品为罗技鼠标一只。[1] 网游商的用意很明确，他们试图以奖品诱引玩家往他们希望的方向去恶搞。在游戏商的评审规则下，获奖恶搞作品中，表达反讽、嘲弄等意义的也不是没有，但大多如上述《龙斗士刷真野猪》恶搞作品，小批评大宣传，更多的只是逗乐。2007 年，《天龙八部》举行了宠物台词恶搞征集活动，游戏商选出的部分恶搞台词如下：

乌龟(跑动中)：别跑啊，你再跑也跑不过我，我是光速乌龟。

乌龟(跑动中)：为啥俺跑得快啊？因为俺底盘低。

猴子(攻击中)：孙大圣是偶师傅！放心交给我吧！

狗(出战中)：俺就是传说中的旺财！怕了吧！

狗(攻击中)：狠就一个字，我只说一次，别逼我用

〔1〕 17173 游戏网编辑部.布鲁布鲁卡卡恶搞创意征集结果公布.17173 游戏网，2007，4.

行动来表示![1]

在网游商的参与下，玩家的恶搞行为成了逗乐创意比拼，它能体现玩家一定的创造性，但从中看不出玩家对网游、社会的新期望，也看不出与同好交流、分享的愿望，玩家只是网游商的帮手。这些获奖恶搞作品流传并不广，《布鲁布鲁卡卡》的获奖恶搞作品只在官网上可以看到；《天龙八部》的恶搞台词只在多玩游戏网、新浪游戏频道的新闻页面上可以找到，在玩家聚集的百度"天龙八部吧"都没有转载。玩家最爱的还是嘲讽与创新兼具的恶搞作品，《网瘾战争》因兼具这些特点，从 2010 年 1 月 20 日作品发布到当年 2 月 5 日，仅优酷网站该视频播放次数已超过 100 万次。[2] 对于这类具有反抗精神的作品和玩家，网游商和社会采取拉拢、收买的策略。2010 年土豆网与中影公司联合主办的"2010 土豆影像节"中，《网瘾战争》从 5585 个参赛作品中脱颖而出，荣膺分量最重的金土豆奖。[3] 2011 年 4 月，网易公司邀请《网瘾战争》制作人性感玉米出席网游《天下贰》新版本发布会，性感玉米也应允出席。[4] 这种策略让这类玩家获得更丰富的物质资源，也让其后续作品取得更多的传播渠道。但后续作品是否还一如既往地代表着玩家的心声，表达着对网游、社会的改革愿望，这是一个未知数。

在网游商的参与下，玩家的恶搞行为成了逗乐创意比拼。

〔1〕 多玩游戏网编辑部.拿大奖最后机会，天龙个性台词征集.多玩游戏网天龙八部专区，2007，5.

〔2〕 晨报周刊编辑部.网瘾战争：再微小也要发声.晨报周刊，2010(6).

〔3〕 杨莲洁.《网瘾战争》勇夺金土豆奖.北京晨报，2010－04－18.

〔4〕 天下贰官网.《网瘾战争》主创应邀将赴《天下贰》发布会.《天下贰》官网新闻版，2011，4.

网游 Cosplay

网游 Cosplay 是在现实世界利用服装、道具、饰品以及化妆等真实再现网游角色的行为。

支线变主线和寻找网游文本的裂缝都发生于网络世界，网游 Cosplay 则将协商式消费发展至现实世界。网游 Cosplay 是在现实世界利用服装、道具、饰品以及化妆等真实再现网游角色的行为。其中文译名文字与我们前面所讲的“网游角色扮演”相同，为明示两者的区别，本书用其英文名。网游 Cosplay 中，Coser(Cosplay 的作者)可以是网游的玩家，因游戏世界的精彩而萌生 Cosplay 的念头；也可以不是网游的玩家，甚至对网游不甚了解，只因偶然的一瞥，心生喜欢，而后 Cosplay。《剑网 3》官方论坛报道的一位女性 Coser，她只是喜欢《剑网 3》的人物界面，感觉很武侠也很好看，于是就萌生了 Cosplay 的念头。[1] 虽说不同 Coser 与网游间的关系不尽相同，但 Coser 间有两个相同点，那就是都借用网游的角色资源，都对网游角色持赞赏态度。没有哪一位 Coser 是因为厌恶某个网游角色而 Cosplay 他/她的。

借用网游角色资源只是网游 Cosplay 的基础，网游 Cosplay 的展开是件费心费力的事情。Cosplay 的标准是趋同角色，不只求服装道具逼真，角色造型相似，更求气质神韵相仿，优秀的 Cosplay 作品除此外还别具个人风格，以至于观看者往往惊叹比原角色更具魅力。为达到这些标准，Coser 于 Cosplay 的每一环节都用尽心思。百度“Cosplay 贴吧”上有许多关于 Cosplay 环节中应注意的问题的论帖，其中有关服装、道具、假发、定妆、走秀等主题的都有。从这些论帖中，我们可以看出 Coser 们于 Cosplay 每一环节的煞费苦心。如一篇名为《玩 Cosplay 所需要

〔1〕 犟儿.cosplay 美眉靓照曝光.剑网 3 游戏论坛，2010，1.

的准备及一些常见问题》的转帖中的男性角色 Cosplay 化妆经验谈：

……

眼影：眼影一般用棕色、灰色，偶尔用点黑色画（棕色是不会出错的颜色），沿着眼睛的形状刷在眼睑上，在睫毛根部、眼窝等位置再使用更深一点的颜色（这样画可以缓解某些人的肿眼泡情况），最后在眉骨突出的位置刷上白色眼影。眼影不要使用荧光的。

眼线：眼线也要画上，上眼线内眼角细，外眼角粗，外眼角可稍微上挑一些，但是不要太过，过了就给人感觉很妖了。下眼线的外眼角可以粗一点，内眼角细一点，下眼线要柔和。

眉毛：根据角色画，普遍建议画眉时眉头低一些，眉尾上扬，眉毛加粗，颜色要比女妆深一点，更加硬朗一些。

嘴：唇部一般就用肉色的，下唇可以画的稍微方一点点，唇彩不要涂得太亮。

其他：腮红可以选择橙色或者棕色，只是简单调整肤色，千万别打成“红脸蛋”，腮红可以和侧影相结合。

……〔1〕

脸部化妆只是 Cosplay 过程中化妆环节的一部分。脸部化妆就如此讲究，可以想见 Cosplay 整个流程的复杂。Cosplay 过程除化妆外，还有熟悉角色、缝制服装、寻找道具、摄影、后期制

〔1〕 向左．玩 Cosplay 所需要的准备及一些常见问题．百度 Cosplay 贴吧．原文地址：chenxia8508.blog.163.com.

只有同好者才能于 Coser 简单的一举一动、一颦一笑中看出用心。

作、展示等环节，舞台剧式的 Cosplay 还要寻找同伴、编写剧本等。需 Coser 们费心的还不只是 Cosplay 的过程，他们还须面对一些人的不理解。Cosplay 是小众艺术，只有同好者才能于 Coser 简单的一举一动、一颦一笑中看出用心。对不熟知 Cosplay 背景故事的大众而言，Cosplay 只是外表奇异而已。大众的不理解或许可以不顾及，亲人的不理解却难以释怀。这一现象并不鲜见，Cosplay 玩家璐璐的母亲怎么也想不通女儿作为英语系的学生为什么痴迷于艺术系的玩意儿；[1] Cosplay 玩家年年说爸爸很反对自己玩这些，每次看到他弄些“奇奇怪怪”的行头穿在身上，爸爸总是说：“你这些都是什么乱七八糟的！”不管怎样解释，在爸爸眼里，现在的小孩玩的东西越来越不能让人接受了。[2] 这让 Coser 们在用心于 Cosplay 的同时，还须分心处理来自社会和家人的压力。

Coser 们心力付出巨大，但从经济学考虑，网游 Cosplay 是入不敷出的。Coser 们投入 Cosplay 中的成本除心力外，还有一定的财力。虽说 Cosplay 的具体花费难以找到具体统计数据，但据百度知道上关于“Cosplay 花费”这一问题的问答，一般的 Cosplay，整套流程做下来，包括服装、道具、化妆、摄影、后期制作费用，成本在 800～1500 元之间。[3] 这笔支出对工薪阶层而言并不是大数目，但对以青少年为主体的 Coser 们来说，还需要好好斟酌。人力、财力付出的网游 Cosplay，其经济收益又如何呢？我们可以看一位专业 Coser“不败姐”(因 COS《笑傲江湖》中的东方不败而成名)对此的介绍：

---

〔1〕 谢梦，杨帆. Cosplay 玩家故事. 华西都市报，2003－12－21.

〔2〕 秦娜. 你所不知道的 Cosplay. 甘肃日报，2011－06－13.

〔3〕 详细交流见百度知道“Cosplay 花费”问题。

首先，我要说的是，在中国，极少有专门以 Cosplay 表演为第一职业的 Coser。主要原因，还是由于表演收入的不稳定、Cosplay 本身的局限性（并不是任何舞台都适合 COS 的），还有大型表演前期所需的高额人力成本等。

但很可惜，对大多数 Coser 来说（这里排除极其少数的明星 Coser），那些所谓的酬劳演出，有的时候根本不足以支付 Cosplay 本身的费用，更别谈是生活成本了。

现在大多数聘用 Coser 的，基本都是游戏厂商，还分为舞台演出和代言拍照。

舞台演出：就拿最近即将要举行的 Chinajoy 来举例。

在厂商提供服装、化妆师等全套条件的情况下，一名普通 Coser 在展台一天的收入，大约是 500～800 元不等。这并不是 Coser 们实际拿到手上的数额，因为还有他们——中介公司的存在。普通中介公司抽成 50%，更有甚者抽成至 70%。那么拿到手上的，最低是 200 元/天，这还不包括打车至演出现场的交通费用。

代言拍照：……那些尺度颇大的拍照酬劳有多少？很抱歉，依然是以天来计算，和上面的价格基本一致。

……

大型比赛：比赛没有酬劳，纯粹是 Coser 们一个出名和展示的舞台。当然也有奖金，但是如果是为了奖金，要在全国各地成百上千支队伍中成为冠军，还不如有一份踏实的朝九晚五的工作更容易支撑 Coser 们的梦想。也许你认为，在比赛之后，就能脱颖而出成为明

星，中国现今对Cosplay的鼓励和支持，还远远没有达到那个氛围……〔1〕

他们所求的是南柯一梦成真、青春岁月绚烂展示、同人交流分享的愉悦。

付出与收获差距如此之大，为何Coser们还乐此不疲？Coser们所求的并不是经济上的收获，他们所求的是南柯一梦成真、青春岁月绚烂展示、同人交流分享的愉悦。视像文化发达的今天，我们都有过对漫画、视频作品中某一角色念念不忘的经历，这一难忘记忆或是瞬间的风情，如《聪明的一休》中一休奇智萌生时的轻敲脑门，《笑傲江湖》中林青霞一回首时的风情万种；或是人格的感染，如《麦兜响当当》中麦兜的憨态善良，《天龙八部》中萧峰的豪情大义。网游Cosplay不只是将那些念念不忘的场景记忆脑海，更能以静态或动态的形式将记忆变成真实。Cosplay过程中，他们想象着自己一步步地化身梦中人物，于是过程中的辛苦也变成快乐。美梦成真中，Coser们的青春也得到绚烂展示。我们都说青春如鲜花般绚烂，但大多数人的青春埋没于求学、工作、生活的琐屑中。网游Cosplay中奇异炫目的服装、如梦如幻的化妆、精巧细致或粗犷大气的道具让青春得到最绚丽的直观展示，高校内的芸芸众生，办公室里平凡无奇的女孩，“宅”得有些邋遢的小伙，换上Cosplay行头，就是舞台上令人惊艳的角色。在一些Coser们解释为何热衷Cosplay的言论中，我们能看出他们以Cosplay展示或纪念青春的意图，如下面两段言论：

（第七届17173动漫嘉年华“Coser Star”十佳选手“泉水零”）自己把自己喜欢的角色都COS一遍，那

〔1〕 不败姐.不败姐爆专业Coser背后的故事.凤凰网游戏频道，2010－07－16.

些图片就当做自己青春的纪念品吧,以后老了,翻翻相册,回想自己年轻时的美好、喜好,一定是件愉快的事情。[1]

(AVALON团队)也许很多人都将Cosplay理解成玩服装的缩写,但是我们并不是这样认为的。我们会在服装扮演的基础上添加自己的表演和理解,比如说台词、剧情等,这样就会形成一场有内容、有我们自己影子的视觉秀。我们内心有很多的东西在往外溢,它需要一个出口。[2]

Coser们在网游Cosplay中并未忘记自己的青春。

从这些言论中,我们可以看出Coser们在网游Cosplay中并未忘记自己的青春。这使得Coser们在原角色上加进自己的灵魂,他们会以自己对原角色的理解或偏好来演绎Cosplay。这导致同一角色,由于Coser不同,而呈现出不同的神韵。如《仙剑3》中女主角之一的龙葵,她是男主角景天的前世龙阳太子的妹妹,为了铸成魔剑,跃入铸剑炉以身淬剑,她也因此成为魔剑剑灵。千年后,她分裂为性情温顺的“蓝葵”和刁蛮任性的“红葵”。龙葵的Coser们有的表现龙葵娴静时的美好,有的表现蓝葵与红葵的暧昧关系,有的表现龙葵对景天的亦兄长亦爱人的情愫。即使同为Cosplay龙葵的娴静,也神态各个不同,或纯真可爱,或娇羞如花,或哀愁别生,或眉眼浅笑。这种“一千个读者,一千个哈姆雷特”式的COS方式使Coser们的青春展示由己做主,也体现了Coser们的创造力。

〔1〕 17173新闻编辑部.走近游戏女孩的真实COS心路历程.17173新闻中心,2009-09-14.

〔2〕 罗敏.Cosplay.广州日报,2007-07-25.

网游 Cosplay 还生成交流、分享的快乐。Cosplay 的过程由寻找与获得的故事构成，其中的每一环节，如道具的寻找、服装的制作、化妆的知识、参加赛事、作品共享等都能成为故事的主题。交流、分享的发生场合之一是现实世界。现实世界中，Coser 们大都会有三五同道好友，高校更有动漫社，他们会聚在一起交流 Cosplay 的点点滴滴，或相约远赴某地参加 Cosplay 大赛。交流中并不只是就 Cosplay 谈 Cosplay，他们还会旁逸斜出地交流学习、生活、工作情况；组队远赴大赛，尽管过程艰辛、烦苦，且比赛结果很可能不尽如人意，但一群人携手同路的经历会让每个人铭记在心。很多时候，Coser 们开始所求是 Cosplay 本身，后来留住他们继续 Cosplay 的却是过程中结下的人与人之间的友谊。网络上的交流、分享更将这一范围从周边同好扩展至全国甚至全球同道。这种交流也如现实世界一样丰富多彩。如百度“Cosplay 吧”中名为《最近的仙剑 COS 合集（璇玑、赵灵儿、阿奴、柳梦璃）》的论帖：

Coser 们开始所求是 Cosplay 本身，后来留住他们继续 Cosplay 的却是过程中人和人的友谊。

请叫我气球：楼主对仙剑各种有爱啊，鼓励！很多片子对焦不实啊，都跑焦了，拍虚掉了。另外，可以多尝试别的拍摄角度和动作，不要总是那个回头的和俯拍的角度。后期对色彩的把握差了些，有很大的进步空间哦，加油！

孙墨芸：嗯嗯谢谢哦。会努力的。也会多研究一些动作的呢。

棺材叔叔：都好萌！赵灵儿很赞啊！另，那个糖葫芦能吃么？

孙墨芸：不能吃，那个是自己做的道具，然后还在包里被压变形了。

棺材叔叔：下次用真的吧，用完直接吃掉，干净又卫生。

孙墨芸：离得很远啊，我怕路上化了。

棺材叔叔：包一层塑料薄膜就很长时间都不会化了。希望以后还能再看到妹子你的仙剑 COS 呢。5 的会出么？

孙墨芸：嗯嗯。下次用真的哈。我就是怕化啊，一化就黏黏糊糊的，我最讨厌那种感觉了，5 的会出的，其实真心想出小蛮。但是太露了啊！挑战不了那么露的啊，所以可能会出唐雨柔吧。接下来估计会出龙葵、琴姬、姜氏、雪见、于小雪、风晴雪、襄铃、巽芳公主。

棺材叔叔：小蛮不算太露吧，至少该遮住的地方都遮住了。不过现在天气转冷，穿少了容易感冒，还是等热起来再搞。还要出那么多，量产型 Coser 啊，这得做多少套衣服了。

孙墨芸：额。小蛮要露腿和肚子，巽芳公主要露肚子，已经在考虑要不要出了呢。关键是小蛮两个地方都露啊额。应该要做很多衣服了，想想都累人啊。

棺材叔叔：露多一点好的，少用布料节约成本（被踹飞）。

prettymy123：都好漂亮啊，作为女生的我也是要流口水的，我是宜兴人，看到是在宜兴拍的，激动了一下，哈哈！

孙墨芸：额。谢谢呢，宜兴很美呢。空气超级清新啊，在去竹海的路上风景那个美啊，空气那个好啊，好羡慕啊！无锡市区基本没有空气好的地方。

棺材叔叔：话说一天工作十多个小时，那不是纯家里蹲了么，剩下的时间要睡觉的吧。

孙墨芸：嗯。差不多吧，我一般不怎么出门的，剩下的时间就是睡觉。一般我做衣服的时候一边做一边看电视,所以也不枯燥的。

大姨妈你妹你妹:冰糖葫芦有点假。

孙墨芸:嗯,是自己做的呢,真的怕化了。

……〔1〕

上述交流中,既有对楼主 COS 作品的评论、对道具使用的探讨,也有对楼主现实生活的询问。这些评论、探讨、询问体现出同好对楼主 Cosplay 行为的认同。认同指对某一事物认识一致。询问、探讨方式的认同意义很好理解,正是因为对 Cosplay 行为感兴趣,才会去发问、探讨。评论的认同意义稍微复杂一些,但也不难理解:对作品赞赏,是因为从中发现奥妙处;对作品批评,是因为论者心中有一套真正的 Cosplay 标准。其实,如果不懂得 Cosplay,又怎能看出 Cosplay 作品的优劣呢?同好的认同,使 Coser 们获得一种归属感,让他们觉得前行路上不孤单。也许大众看不出 Cosplay 中的奥秘,也许亲人不理解 Cosplay 的意义何在,但同好们能从 Cosplay 作品中看出 Coser 的良苦用心,承认 Cosplay 对于青春的意义,这就够了。为维持 Cosplay 的纯洁意义,Coser 们为 Cosplay 行为订立了一些不成文,但甚获同人认可的规则:

……

不要在场内跳舞、掷东西。会场空间有限,由于跳舞需要占用较大的空间,播放音乐亦会影响到其他不想听的人。所以在主办单位提供的舞台以外,不应该占用公共空间跳舞。掷东西亦同,在会场中掷布娃娃

〔1〕 孙墨芸.最近的仙剑 COS 合集.百度 Cosplay 吧,2011—10—31.

或其他物品，非常占用空间，并且对周围会产生一定程度的危险，请绝对不要有这些行为。

在会场提供的更衣室换装，并保持整洁。使用染发剂或其他各种色素，不应污染环境。Cosplay服装应在场内更换，若是较显眼的服装，不应着装到会场，或是着装离开会场。

……

最基本的常识，也就是“摊位区禁止拍照”，在场内已经十分拥挤的情况下，在摊位区摄影，是一种非常自私，且不为其他参观者着想的举动。一来不但形成了天然路障，对来往逛摊的同好，造成了非常大的不便以及交通上的堵塞，且也是一种非常不重视同人志同好的行为。

……〔1〕

这些规则是“Cosplay路人礼节”论帖中Coser们自我要求的部分。从这些规则看，Coser们有意以自我约束、自我对Cosplay的尊重来赢得他人对Cosplay行为的理解与尊重。这一论帖在Coser们的网络空间、百度“Cosplay贴吧”、北京“COS贴吧”、人人网、天涯社区等地方都有转载，极高的转载率说明这些规则深受Coser们的认可。

由于网游Cosplay行为对网游起正面宣传作用，网游商对Cosplay行为大加赞赏，不仅出资举办以自家网游为主题的Cosplay嘉年华活动，还成立自己的网游Cosplay模特队伍。这种行为节省了Coser们前期的财力成本，更为Coser们提供了

〔1〕 百度百科“Cosplay”词条。由于转载率高，因此难以找到最终出处，本文取笔者最先发现此帖的地方。

一个展示舞台，让 Coser 们的青春可以更绚丽地展示，与更多同好交流，传播范围更广。但网游商的行为也滋生了一批伪 Coser，俗称 showgirl，她们也求青春展示和交流，但更看重经济回报。showgirl 的 Cosplay 行为不由自己作主，而应网游商的要求搔首弄姿。网游商招募或聘请 showgirl 的目的是吸引玩家的眼球，常会要求 showgirl 装扮暴露、动作轻佻、姿势撩人，以满足普遍存在的低俗趣味。于 Coser 而言，辨识 showgirl 很容易，但对不熟悉 Cosplay 的大众而言，常会错将 showgirl 认成 Coser，这进一步加深了大众对 Cosplay 的不理解。对 Coser 们而言，是否参加网游商制定的 Cosplay 嘉年华活动成了两难抉择，一边是梦寐以求的展示舞台，一边是网游商制定的种种规则。两难抉择中，有的 Coser“舍台求 Cosplay”，为不违背自己 Cosplay 的初衷宁愿舍弃舞台；有的 Coser“委屈求台”甚至“欣然就台”，保持内心对 Cosplay 的喜爱而应网游商的要求改变自己对服装、道具、化妆、表演的要求。在 Coser 们与网游商对抗、妥协、合谋杂糅的关系中，网游 Cosplay 行为不再只是同好间的交流、分享，它交织了社会、网游商、Coser、中间商等多方利益。于真正的 Coser 们而言，Cosplay 喧闹、华丽的背后，是一群人的孤单。

于真正的 Coser 们而言，Cosplay 喧闹、华丽的背后，是一群人的孤单。

金币农夫

玩家对网游的抵抗式消费以网游商为主要假想对象。网游的商业逻辑是玩家付费获得网游商提供的娱乐服务，玩家的抵抗方式是在网游内实现免费娱乐，甚至从娱乐中获取收入。

网游世界提供了获取游戏币、材料、装备的多种渠道，并搭建了较为完善的交易平台。玩家可将材料、装备在网游世界的交易平台换成游戏币，然后购买所需的装备、材料，也可通过网游外的面对面交易或淘宝网、5173 游戏服务网等交易平台将游戏币转换成现实货币。按照网游的交易规则,似乎每位玩家都可实现免费娱乐,实则不然。网游除提供了多种收入渠道外,还精心设计了付出系统,玩家修理武器或更换装备、饲养宠物、完成任务等都须支付游戏币。网游的收支系统让玩家每日略有盈余,但不会很多,碰到梦寐以求但价值高昂的神器,玩家日积月累的游戏币只是杯水车薪。玩家在网游内实现免费娱乐只有三种方式:运气好,游戏操控技巧高,付出时间或自甘平庸。每款网游都设有随机掉落神器系统,神器属性惊人,售价也惊人。《地下城与勇士》中有种神器叫次元斩光剑,攻击时有一定几率出现次元黑洞,对敌方伤害力很高,它在游戏中的售价超过1亿金币。运气好的玩家若获得这柄光剑,售出后在游戏世界就可衣食无忧很长一段时间。游戏操控技巧高的玩家若能击败副本的难缠领主,所获材料、装备也较多,可使每日的盈余多一些。游戏操控技巧不高的玩家可以采取生产材料、做商人、击杀低级副本领主的方式获取锱铢小钱,日积月累,小钱变大钱。以时间收费为盈利模式的网游内,时间就是金钱,游戏操控技巧不高的玩家只能采取消极的方式实现免费娱乐,不买神器,不穿好衣,不养宠物,以压缩支出来积累游戏币。

实施免费娱乐策略的玩家不只获得经济上的自给自足,还获得精神上的自豪或愉悦。笔者曾与十多位实施免费娱乐策略的《地下城与勇士》玩家交谈,记录其代表性的话语如下:

风中逝去的伤:这些土豪又在刷喇叭对骂,烧钱了,麻花藤(马化腾)爱死他们了。

神话 VS 导航:说来你不相信,玩 DNF 两年了,我没花一分钱。

kaiwen(爆):我身上的装备没花一分钱,全老马给的。

狂@速：我一身也没花钱，就花了2元人民币扩展了仓库。

笨猪猪：我觉得土豪牛逼哦，刷图嘎嘎的，可我就喜欢摆小摊赚钱，买自己想要的装备，挺有意思的。

从这些话语可以看出免费娱乐玩家有两种代表性心理：一种以自己在网游世界的自给自足为荣，鄙夷花钱的玩家，认为他们中了网游商的圈套；另一种认为免费娱乐是自己喜欢的一种网游玩法，并不否认其他玩法。持第一种心理的玩家已有很清晰的意识，将网游商认定为假想敌。持第二种心理的玩家看不出他们明确的假想敌，但从不以其他玩家为参照物，不去炫耀、攀比，可以看出他们以在游戏内投入的金钱数量为标准来衡量游戏成就。持这两种心理的玩家都认为，网游商从自己身上赚得越少，自己的游戏成就越高，这从客观上发挥着反抗作用。这种反抗意义于以道具收费为盈利模式的网游中更甚，道具收费网游打着免费招牌，实则变着法子让玩家投入金钱，免费娱乐的玩家则获得看穿把戏、我不入瓮的快感。

在网游世界打怪出宝、倒卖游戏货币、做游戏代练，然后换得现实货币，这些人被称为金币农夫。

免费娱乐让一些玩家看到网游世界蕴藏的商机，他们转变思路，在网游世界打怪出宝、倒卖游戏货币、做游戏代练，然后换得现实货币，这些人被称为金币农夫。金币农夫是英文 Gold Farmer 的中文译名，最早是欧美魔兽玩家对服务器内中国玩家的贬称。欧美服务器中，一些中国玩家发现魔兽金币与美元的兑换率比国内游戏高得多，于是他们在游戏内不求玩乐，每天疯狂地打金币，然后卖给欧美玩家。这使越来越多的中国玩家涌入魔兽的欧美服务器，也使魔兽世界内金币贬值，一度通货膨胀。金币农夫原意就指这些只顾自己打宝赚钱，而妄视魔兽世界游戏平衡性的玩家。但现在“金币农夫”一词的含义已产生了变化，背景由魔兽世界扩展至所有网游，感情色彩由贬义变为中性，指那些在网游世界内打怪出宝，然后兑换成现实货币的玩家。

从词义看，金币农夫与免费娱乐玩家差别不大，实则有本质区别。免费娱乐玩家把网游当成娱乐，只求网游世界内自给自足；金币农夫把网络游戏当成职业，以求现实世界的丰衣足食。一些金币农夫也确实收益丰厚：25 岁的北京青年韦衍，曾经在 5 个月的时间内转战《天堂 2》、《城市英雄》、《最终幻想 2》等数款外服游戏，通过虚拟游戏币交易赚取了 80 万元人民币。更富传奇色彩的是 24 岁的唐宇鹏在《剑侠情缘》打造的一件游戏武器惊世极品“破天戳”，破天荒地以 10 万元人民币的价格被人买走。[1] 但在网游研发商精心设计且日臻完善的网游收支系统面前，韦衍和唐宇鹏的事迹只是特例，绝大多数金币农夫夜以继日地打宝、代练，其收入还比不上一份普通稳定工作的酬劳。吴海(化名)是《魔兽世界》的老玩家，其练级、杀怪、打金币的技巧比一般的玩家高出不止一筹。按照一天工作 16 小时来算，吴海一天能够生产出 900 个金币，按当时金币与人民币的兑换率，这些金币能换成 75 元，一个月下来，吴海的收入能超过 2000 元。考虑到休息及一些其他支出，吴海目前每月的收入仅能达到 1500 元左右。[2] 受雇于游戏工作室的金币农夫的收入也与吴海差不多。陶金(化名)在一家专门于魔兽太平洋服务器内打怪出宝的游戏工作室工作。每天早上 7 点开始，一直到晚上 7 点，除了吃饭和上厕所外，他基本不离电脑。但工作室老板发给他的日酬只有 60 元左右。[3]

为获得这些收入，金币农夫不只是付出每天 12 小时以上的

〔1〕 星岛日报编辑部. 金币农夫多快乐. 星岛环球网，2008—01—11.
〔2〕 程鹏. 金币农夫：网游世界掘金者. 南方日报，2007—01—23.
〔3〕 大新. 金币农夫广种薄收. 启东新闻网，2008—11—03.

时间和精力，还付出健康的代价。由于久坐不动、长时间紧盯电脑屏幕，金币农夫往往会视力严重下降，颈椎病、肺病、胃病、胆结石等疾病缠身。辽宁卫视《王刚讲故事》栏目讲过名为《一个32岁青年的游戏人生》的故事。32岁的青年王刚，曾因沉迷游戏而大学肄业，后干脆做了金币农夫。他一天24小时窝在网吧，玩6个游戏账号，累了就躺在网吧的沙发内休息。离家10年，父母最终发现他时，他已是肺结核晚期，双肺损毁。《黑龙江生活报》曾报道一位程姓大学生，2006年暑假以代练网游的形式赚取学费。该年7月28日21时许，连续玩了两天两夜网游的他突然昏倒在电脑前，经医生诊断，他是由于过度劳累诱发脑出血。

据2006年7月美国《堪萨斯星报》调查显示，中国的金币农夫至少有50万人，专门从事虚拟商品交易业务的公司有数百家，专业的工作室、打宝队和游戏代练公司则数不胜数。另据2007年经济观察网报道，目前，福州藏身于一些民宅、网吧、高档写字楼之中的大大小小的网游代练公司有3000多家，从业人数达五六万。[1] 金币农夫的付出与收获相差甚大，为何还有如此多的玩家趋之若鹜呢？表面看来，金币农夫以赚钱为游戏目的，但从他们付出与收获的差距看，金币农夫真正追求的并不是金钱。绝大多数金币农夫都是青年人，他们如果愿意每天专心致志地工作12个小时以上，哪怕是去工厂车间、工地做苦工，所得酬薪也会超过做金币农夫所得。他们之所以不选择他种工作，表面理由是找不到工作，实则是恋恋不忘游戏。金币农夫在游戏世界里不与其他玩家交流，不去追求个人成就，也不制作恶搞作品，那么他们孜孜不倦地追求什么呢？现实世界中，教师、

〔1〕 李智勇，张向东.解密金币农夫：网络代练调查报告.经济观察网，2007—06—25.

家长、亲友都会训告玩家，偶尔玩一下游戏调节自己是可以的，成天沉迷其中是没意义的，既伤身体，又不能带来收入。金币农夫所求的是以实际产出宣告成人训告的无意义，并昭告天下：网游实际是有意义的。潜意识中，金币农夫已把训告他们的成人当成假想敌，以每天产出金币数量的多寡来衡量胜败，每天打怪出宝多一分，成人训告的无意义就加一分。《一个 32 岁青年的游戏人生》这期节目中有个细节，王刚头发长达一尺，记者问他："你为什么不去理个发？"王刚很诧异地说："你不知道我很忙？"这一细节表明，记者认为游戏是无意义的，它还不如理发这样的事重要；王刚则认为游戏比理发不知道重要多少倍。成人与金币农夫对游戏价值判断的天壤之别更加深了两者间的矛盾，这使金币农夫在网游内投入更多的时间、精力，试图产出更多的金币，以证明成人判断的错误。金币农夫在证明成人判断失误的眩晕中也心安理得地继续着游戏。玩家采取做金币农夫的形式来消费网游是有反抗意义的，他挑战了主流社会对网游的刻板认知。但这种反抗是失败的，金币农夫微薄的收入并没有证明网游有意义，其因游戏过度而身染重病反成为网游无意义的论据。

辛苦打宝的金币农夫。他们在证明游戏有意义的幻觉中心安理得地玩着游戏。

金币农夫微薄的收入并没有证明网游有意义，其因游戏过度而身染重病反成为网游无意义的论据。

金币农夫付出与收获的差距让玩家意识到做金币农夫无异于饮鸩止渴，于是他们转而思考网游赚钱的可持续发展之路。这衍生出两种截然相反的网游赚钱方式。一是成立职业战队。职业战队是游戏操控技巧特别高的玩家采取的网游消费形式。这种团队通常由一两位圈内名气较高的玩家建立公会，招募游首杀：第一次击败网游副本领主。

bug：本意是臭虫、缺陷、损坏，用于网络游戏，指隐藏着的未被发现的缺陷或问题。

戏操控技巧高的同好，以代练、承接网游内测、首次击杀副本首领、参与电子游戏竞技等方式获取收益。《魔兽世界》的公会最多，《魔兽世界》会定期于官网公布全球各公会排名，排名标准是各公会首杀（第一次击败网游副本领主）次数。“第七天堂”是玩家季建军和敖坤于《魔兽世界》创建的公会，他们在台服取得了5个关底BOSS的4个首杀，最高排名曾到世界第七。公会成名后，优质客户慕名而来，投资一谈即合。据敖坤介绍，一名VIP客户，每周固定放在他那儿的金币就有40万，按当时金币与人民币的兑换率，这笔虚拟财产大约价值8000元人民币；还有一名朋友介绍的教育企业老板，双方只花了一杯咖啡的时间就谈妥了投资，一期50万元，后又追加了50万元。敖坤和季建军还与国内一家网站签署了内容合作协议，为该网站有偿提供最新版本的游戏攻略和视频。除此外，季建军还很看重游戏测评业务，他说：“现在国内厂商的游戏并没有专业的测评队伍，一款游戏推出后不知道好不好玩，玩家能否认可。而这件事正是我们可以做的。帮助厂商提供试玩意见，提出修改意见，减少游戏bug（本意是臭虫、缺陷、损坏，用于网络游戏，指隐藏着的未被发现的缺陷或问题）。”[1]《魔兽世界》内，“第七天堂”只是稍有名气，还有很多职业战队，如“零界”、“星辰”、Nihilum、eMG等，比“第七天堂”资历更老，获得荣誉更多。这些战队都有赞助商，如eMG战队2009年参加世界电子竞技大赛时，更获得了微软公司的赞助。

职业战队对待游戏有两种态度。一以“第七天堂”为代表，即将职业战队开拓成一种新型的商业模式。战队领导者游戏操控、组织协作、商业经营能力三者兼具，表面看来他们借游戏为国争光，还热爱游戏，实则游戏已退居他们关心的次位，他们与

〔1〕 李伟.“魔兽”社会.三联生活周刊，2009(43).

NBA、意大利足球俱乐部的明星球员一样，更关心的是商业利益。他们已不仅是纯粹的游戏者了。另一以 Nihilum 公会为代表，他们按游戏商的期望追求个人和团队的成就，享受普通玩家的顶礼膜拜。他们也欢迎赞助，但更爱游戏，当暴雪公司在太阳之井副本设置一个将 Nihilum 公会的前期积累化为乌有的“逆天”法术后，Nihilum 公会会长昆哥认为这“如同一次 400 米赛跑，跑在前面的人需要停下来等着后面的家伙到同一水平线上，然后大家再一二三继续起步。这是不合理的”。[1] 于是，昆哥宣布解散 Nihilum 公会。从这一点上看，Nihilum 公会已不仅是热爱游戏了，他们更爱公平的规则，与亚里士多德的“吾爱吾师，吾更爱真理”遥相呼应。

职业战队是普通玩家难以组建的，它既要有与全球战队共同竞技的机会，又要能招募到一群游戏操控本领高的同好。有些普通玩家既想实现网游的免费娱乐或从网游中赚钱，又不愿过金币农夫的苦难生活，于是，他们采取第二种“可持续发展”的生财之道，在网游世界投机取巧，于是诈骗、盗号、外挂、开设赌场等伎俩粉墨登场。

在网游世界投机取巧，于是诈骗、盗号、外挂、开设赌场等伎俩粉墨登场。

网游内的诈骗和现实世界的原理一样，主要利用人们的三种心理：重情义、对新事物不熟悉、图利益。利用前两种心理的骗术我们在现实世界也遇到或听说过，如下面的故事：

《剑侠情缘》中，TMD 一顶和逍遥大虾是最好的朋友，TMD 一顶和他在游戏内的老婆紫衣女，用各种借口共向逍遥大虾借了 11 亿游戏币，当逍遥大虾醒悟被

〔1〕 昆哥. 我们是暴雪的遗忘者. 多玩魔兽世界，2008，3.

骗时，TMD一顶已经删号，紫衣女不在线上。[1]

《诛仙OL》新玩家逍遥练级时幸运地打到了一本《召唤神兽》，朋友又不在线，便刷喇叭吆喝。有人答应收购，看后说这书不值钱，给了一些垃圾装备把书换走。朋友上线后告诉他，《召唤神兽》很值钱。[2]

网游中的这种诈骗行为比现实世界更容易逃脱责任。现实世界还有所谓的“天网恢恢，疏而不漏”，网游世界什么“网”都没有，骗子一得手就溜得无影无踪了。

利用贪利心理的网游骗术来源于现实中的以次充好、鱼目混珠。但由于网游内支付方式便捷，鼠标一点就完成了交易，它的具体过程又“推陈出新”起来。很多网游允许个人摆摊设点，常有玩家刷喇叭昭告全服务器：本人出国留学了，37频道1000件稀有装备1金币甩……如此种种。骗子开始会放上便宜货，标价1金币，买者疯抢；第二次会将便宜货标上两种价格：1金币和100万金币，有些玩家贪小便宜，疯抢中就点击了标价100万的“便宜货”。还有是第一次放上神器，标价令傻瓜也会心动，但设置金币上限，只能看、买不了；第二次放上和神器外形酷似的垃圾货，标价相同，玩家一不小心就点击交易了。

网游内的盗号一般以行骗开始，利用玩家重情义、图利益的心理，取得玩家的网络联系方式，通常是QQ号，然后在对方的电脑内种植盗号木马。我们看下面一个故事：

---

〔1〕 林丰蕾. 文化部：游戏虚拟货币不得购买实物和流通. 搜狐IT频道. 2009—09—26.

〔2〕 逍遥. 最常见的八种网络游戏骗术. 17173诛仙频道. 2007—05—07.

小宅同学最近玩DNF练到满级，顿时名声大起，有个漂亮MM找他带着练级，练完还不忘送Q币表示感谢，结果……“刚把动态密码发过去，就被挤下线了。恍然大悟：神马美女，神马Q币，都是浮云！”[1]

故事中的小宅是因贪图美色和小便宜才被盗号。网游世界内性别由玩家自行选择，窈窕淑女的真身很可能是邋遢小伙，所以本文倾向于将网游中的美色归入友情。上述故事中的盗号行为是行骗，没有技术含量。稍有技术含量的盗号会以“你拍卖行的神器我想买，加QQ聊，我的号是123456”、“知道我是谁吗？我换个号你就不认得我了？给你个提示，你最好的朋友是谁？”、“你刷副本的技术很好，能做我游戏里的哥哥吗？”等话语骗得网络即时联系方式，然后传送一个文件给你，你打开文件，盗号木马就种植于你的电脑。最具技术含量的是盗号于无形之中，以至于被盗者都不知道何时何因被侵入了。这通常是对软件编程、网络应用极为精通的黑客所为，有这种技术的黑客可以找到一份酬薪不错的工作，他们一般不屑于平庸账号，只有极品账号才能入其法眼。网游世界里，绝大多数玩家遭遇的是后一种盗号方式，一般都能找到被盗因由。

账号被盗后有两种结果，一是偷珠还椟：账号上所有值钱的东西都没了，游戏账号仍归你；另一种是真身变更：账号的密码已被更改，你在网游世界的生命已被他人占有。第二种结果下，常会发生令人啼笑皆非的故事。《天龙八部2》的一位玩家价值70万元的游戏账号被盗后，盗号者竟然还在游戏里故意用该账号攻击玩家的哥哥。

网游里的赌博活动有两种。一种是由玩家实施的，这种赌

[1] QQ安全中心.小宅的故事.腾讯微博，2012—01—10.

博活动操作很简单，庄家于网游外另设网页，建立 QQ 群，召人于网游世界某一固定地点集合。玩家于游戏内投注，QQ 群内押单双号或投黑白色，于特设网页查看每期结果。特设网页设置简单，庄家可人为操纵每期显现的结果。这种赌博比老虎机还黑，十赌不止九输。

另一种不是由玩家实施的，但更为常见，名为“砸宝”，在以道具收费为盈利模式的网游内常可见。方式是在网游商城出售一种道具，须以人民币购买，宣称打开后有一定几率获得玩家梦寐以求的神器、宠物或辅助装备，实则这几率低得和中头等彩票的几率差不多。腾讯《地下城与勇士》2012 年推出了“新年圆梦”活动，宣称砸开“圆梦宝盒”就有几率获得玩家朝思暮想的＋12 或＋13 强化卷，“宝盒”2.2 元一个，但很多玩家买了上千元的“宝盒”，不单是没一张＋13 的，连＋12 的强化卷也没砸到。这种行为虽冠冕堂皇地称为“促销活动”，考虑到多人花上千元还砸不出号称的宝物，实是变相的赌博。这种“砸宝”式的变相赌博其实是被禁止的，文化部和商务部在 2009 年 6 月 26 日出台的《关于加强网络游戏虚拟货币管理工作的通知》中，对此已有明文规定：

> （二十）网络游戏运营企业不得在用户直接投入现金或虚拟货币的前提下，采取抽签、押宝、随机抽取等偶然方式分配游戏道具或虚拟货币。

为什么国家对这类行为明令禁止而网游商还明目张胆地实施呢？原因在于这一通知的目的“主要是规范腾讯、盛大等大型的社区游戏企业的货币，防止这些虚拟货币流通，冲击国家现实金融体系”。只要网游商这种行为未影响到银行业、彩票业，有关管理部门也就睁一只眼闭一只眼了。

网游内的诈骗、盗号、赌博违背了道德，助长了不良风气。实施这种网游消费方式的玩家，不管他的所求是免费娱乐还是谋财图利，从文化上说，都没什么积极的意义。

我们的思考并不止于此。我们还进一步思考，为什么这些现象在网游世界比现实世界更为常见，以至于一些玩家把此当成"可持续"的实施免费娱乐或赚钱获利的方式。当然，主要原因在于我国现阶段还没有比较完善的虚拟财产保护法，骗子、盗者、庄家可以逍遥法外。但网游商也难辞其咎。网游商实施的变相赌博"砸宝"自不必赘言，我们更关注的是网游商对由玩家实施的这些行为的对策。网游商对这些不道德行为实施的是消极防御法，一级密码后提供二级密码和动态密码，并温馨提示别信陌生人，将诈骗、盗号、赌博的责任归于玩家个人。有些骗术中，如网游中的以次充好、鱼目混珠，骗子固然应受严厉谴责，但玩家轻信他人、贪图小利也应作自我反省，这种情况将责任归于个人勉强说得过去。但利用友情人神共愤，赌博诱人冲动，盗号和现实中的入户抢劫和夺人生命无异，将责任归于个人怎么也说不过去。网游商对这些行为只是口头谴责，并表示法律空缺的无奈，鲜有主动行为。网游商是真的没有办法还是敷衍塞责呢？我们看看网游商对外挂行为的作为就知道了。

盗号和现实中的入户抢劫和夺人生命无异。

外挂可使玩家不费吹灰之力击败副本领主和对手。网游商认为外挂损害了游戏的公平性，会引起游戏失衡，它宣告了玩家辛苦练级、孜孜以求神器的无意义。同时外挂会产生更多的垃圾数据，增加服务器的

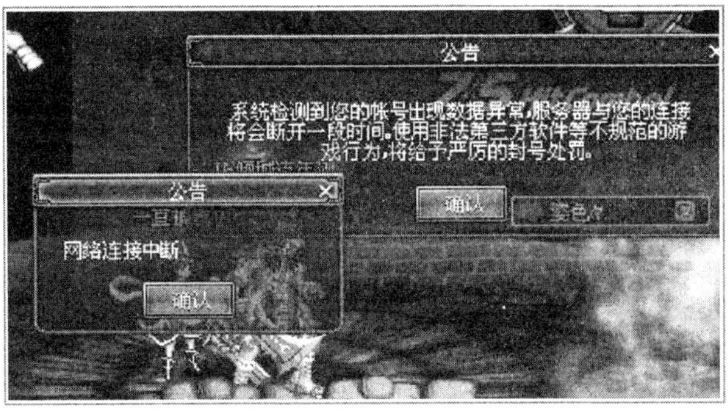

网络游戏断开界面。玩家不使用外挂也常被警告数据异常。误断后，网游商没有赔偿，没有道歉。

负载量，服务器不堪重负下，玩家的游戏体验会变得异常糟糕。于是，网游商投入大量的精力、金钱来打击外挂，他们利用技术，调动玩家，双管齐下地对付外挂。网游服务器内装有自动检测软件，当玩家能力突然大幅提高或击杀副本领主的速度超过软件设定的标准，系统会自动断开角色与游戏的连接；软件外，网游内设有举报系统，举报系统简单、便捷，玩家鼠标点击“举报该玩家”按钮就可完成。网游商对外挂的惩罚很严重，第一次发现封号 7 天，第二次封号 3 个月，第三次封号 1 年，性质恶劣的永久封号。网游商打击外挂的决心非常大，以至于损害正常玩家的利益也不顾。有时，玩家获得神奇的装备、武器，或获得辅助流职业的辅助，能力可能瞬间提升一大截，此时检测软件便会认定玩家使用了外挂，自动断开游戏连接。如此，这位“被外挂”的玩家最短的 1 小时后方可重新上线，长则需 3～7 天。

从网游商打击外挂的举措看，网游商对于网游世界的投机取巧行为是可以有所作为的，为什么他们对外挂深恶痛疾，对诈骗、赌博、盗号却睁一只眼闭一只眼呢？原因在于外挂不只是如上述网游商宣称的损害了游戏和玩家，还损害了网游商的利益，而其他投机取巧行为主要损害的是玩家的利益。玩家使用外挂，可以在不付出的情况下获取网游的一切，使网游内精心设计的收支系统变得毫无意义，如果人人用外挂，网游商就无利可图，纯粹做公益慈善了。诈骗、赌博、盗号针对的是玩家的虚拟财产，只要控制在一定范围内，它不但不会损害网游商的利益，反会提高网游的人气，增加玩家在网游世界的投入。网游商只顾自身利益而妄视玩家的心理在腾讯捆绑软件事例中彰显无遗。玩家登录腾讯旗下的网游时，如果未在电脑内安装 QQ 管家，游戏界面常会弹出“你的电脑已感染盗号木马，建议下载 QQ 电脑管家”字样，如果不下载安装，游戏就无法登录。但玩家使用其他杀毒软件细查电脑，并不会发现病毒或木马。

网游商对诈骗、赌博、盗号的姑息增加了玩家对网游商的敌意,它使玩家对外挂行为采取姑息态度,只要外挂使用者不直接损害他的利益,他就不去举报。在角色扮演类网游中这种情况在这类游戏中更常见。有些玩家遇见难缠的副本领主,甚至盛邀外挂使用者组队。双方偏袒式的姑息下,国内运营的网游世界内诈骗、赌博、盗号屡见不鲜,外挂屡禁不止。

双方偏袒式的姑息下,国内运营的网游世界内诈骗、赌博、盗号屡见不鲜,外挂屡禁不止。

一群人的孤单

从上述网游的诸种消费方式看,每一玩家都有他认为的网游意义,或个人成就的实现,或团队协作的快乐,或交流的愉悦,或无所约束,或赚取小钱。这些意义也是他们认为某款游戏值得玩下去的理由。但对于网游玩家这一群体来说,网游的意义是什么呢?网游世界与现实世界的规则是不一样的,它甚少规约、惩罚,玩家在追求各种个人的网游意义时,都不会受到他人横加干涉。即使A玩家对B玩家的消费方式不满或不屑,B玩家也是不知道的。因为A玩家在网游世界是不能通过眼神或行动来表示愤怒和鄙夷的。虽然可以文字交流,但输入太慢,并且都已是不满、不屑了,还和他说什么呢,于是腹诽着离开。所以从玩家的眼中看来,网游世界是一个相互尊重的世界,他无论采取何种消费方式,都是被认可的。玩家也就都可以在这种相互尊重、认可的氛围中去追求各自的意义,寻找志同道合的玩家,获得认同。网游对于所有玩家的意义就是这种尊重、认同。

但在主流社会看来,玩家的网络游戏行为是没有意义的、反常的。家长、教师、社会认为网络游戏只是游戏,供人玩的,仅是让人消遣而已;学习、工作、社会交际才有价值、有意义。但玩家却在无意义无价值的游戏内专心致志、废寝忘食、兴味盎然,在学习、工作、社会交际中心不在焉、敷衍塞责、无精打采,这让主流社会感到很反常，认为这些青年是出问题了。从这一点说，玩家的网络游戏行为还生成反抗的意义。它以狂欢于无意义的表现宣告主流社会的规则的无意义。这一反抗表面上是无作用的，玩家是不自知这种反抗意义的，他不会产生战胜主流社会的愉悦，有些玩家甚至反而因此而内疚，但它确也蕴含着积极作用，它会引起主流社会一些有识之士的思考：青年人如此痴迷于游戏，是不是网络游戏真蕴藏着我们所未发掘的意义？青年人觉得学习、工作、社会交际没意义，是不是我们的教育、社会、家庭真的存在问题？这反抗更可能面临一个相反的结果，它会引起主流社会的进攻，连网游对于青年人的尊重、认同意义一起加以否定。这一点在第四部分会详加论述。

在强大的商业势力面前，玩家网游行为的意义变得复杂起来。商业性是网游与生俱来的，我们不能否认商业性的积极意义。它使网游文本更精彩，玩家的各种消费方式更便捷。为吸引玩家，网游商会在故事、画面、声音、游戏规则上精益求精，会提供更多的平台，如官网、微博、论坛、Cosplay 嘉年华、游戏竞技大赛等。网游衍生商还对此拾漏补缺，推出语音交流软件、视频录制软件、游戏助手、虚拟交易平台、贴吧、视频网站等便捷工具、平台。

但网游的商业性也使网游商只顾利益而妄视玩家，让网游的各种消费方式扭曲、变形。为追求更多利益，网游商将追求个人成就推波助澜成炫耀攀比，将和平共处扳成互相仇视。为遮羞蒙丑，在网游文本存在裂缝时，网游商不去检讨自己，反认定玩家作弊。对盗号、诈骗、赌博只做温馨提示，为打击外挂而不惜中断玩家的正常游戏。网游衍生商也一样，虚拟交易平台坐收渔翁之利；金币农夫辛苦打宝，游戏工作室只发微薄薪水；一些软件公司公开出售外挂软件。这种情况下，网游世界已不只存在玩家和怪物、玩家和玩家的关系了，它交织了玩家、网游商、网游衍生商、主流社会等多方利益。玩家们通过嘲弄、丑化、奚落等方式来表达对此的不满，希望主流社会、网游商能听到他们微弱的声音，理解他们爱游戏之心，给他们一个公平、纯洁的游戏世界，让他们静享尊重、认同。但这种呐喊的作用是微小的。主流社会不理解无意义的游戏为什么还值得如此较真，于是判定玩家有问题；网游商明白为什么值得较真但更明白玩家对他无可奈何，于是依然故我；类似于《网瘾战争》式的高质量呐喊不单是凤毛麟角，还面临被主流社会和网游商收买的命运。在强大的主流社会和商业势力面前，这些呐喊只能让玩家间的尊重更多一些，认可更增一分。对玩家而言，他们是被主流社会和网游商共同遗忘的孩子。这是一群人的孤单。

对玩家而言，他们是被主流社会和网游商共同遗忘的孩子。这是一群人的孤单。

这孤单因为是一群人的，也昭示着它蕴藏着力量，因此这力量一旦爆发，也是不容小觑的。这在“艾尔之光”事件中得到展现。巨人公司代理运营的 3D 漫画格斗游戏《艾尔之光》，由于内容精彩，画面单纯、可爱，获得了众多女性玩家的喜爱。为吸引更多女性玩家，巨人公司在游戏的营销活动中有意地迎合女性。知名反网瘾专家陶宏开在接受中央人民广播电台《经济之声》采访时对此发表了言论，认为《艾尔之光》大肆宣扬和吸引女性玩家有害无利，称玩游戏对女人危害甚大，“以后连反网瘾的女性或者母亲都没有了，危害的是两代人”，“因为女性承担家庭的重任，而且对孩子影响最大的就是母亲。过去有人讲好的母亲培养好的孩子才能有好的社会，我们不能想象一个女性网瘾青年做了母亲，她的孩子将是怎样的孩子”。

“艾尔之光”的抗议。抗议事件源起于女性歧视，但抗议行为的意义已不只是挑战女性刻板印象，还为网游正名。

陶宏开的言论惹怒了众多女性玩家，2011年12月9日，她们在"狐狸国度"公会会长"黑狐狸"的带领下，聚集在上海电视台门口，拉着"陶宏开必须向全中国女玩家公开致歉"的横幅向陶宏开发出抗议。在街头抗议的同时，她们还在中国游戏公会联盟网站发表了谴责声明：

> 陶宏开必须向全中国女玩家致歉！我们公会成立至今，有很多漂亮MM，热爱游戏的MM成为我们的成员，如今陶叫兽却发出"玩游戏对女人危害甚大"、"玩游戏的女人没资格做母亲"这种歧视女玩家的言论。我们在网络上看到之后，表示非常愤怒！
>
> 今天和公会的妹子一起到上海电视台门口，联合要求陶宏开公开向全中国女玩家致歉，希望能引起电视台以及社会的注意。陶叫兽你需要对自己的言行负责！
>
> 我们想说：请正确理解游戏，游戏不等于暴力色情，我们公会入驻的《魔兽》、《艾尔之光》、《剑三》等游戏都是很好玩的、无害的游戏。热爱游戏的女孩也有一颗善良的心，我们不想被牵涉其中，也不能理解陶叫兽这种歪曲事实的言论。
>
> 现在是个男女平等的社会，却还说玩游戏的女人没资格做母亲，无法理解！！我们在游戏中获得了尊重、认可，却被陶宏开指责"玩游戏对女人危害甚大"、"不能想象有网瘾的女青年将来会生出怎样的孩子"。我们想反问一句，我们哪里有错了？我们只是玩自己喜欢的游戏，凭什么需要面对你的指责和污蔑？
>
> 强烈抗议！我们女性有权玩游戏！我们这一代人

会玩，下一代人也会玩游戏，无论男孩或者女孩！我们相信全国的女玩家都能清楚！不要用狭隘的眼光来看待我们女玩家，污染游戏。我们玩游戏惹到你陶叫兽了？我们女孩玩游戏有错吗？

陶宏开必须向全中国女玩家致歉!! 希望全中国的女玩家一起抗议，陶叫兽请你滚出游戏圈！[1]

“艾尔之光”事件验证了我们上文提到的网游行为对主流社会的反抗意义。女性玩家以投入游戏的形式宣告陶宏开为代表的主流社会认定的好女子标准的错误，这激怒了他，引起了他的进攻，他以扣“网瘾女青年”的帽子的方式向女性玩家泼污水，企图以“危害了两代人”的后果引起社会的恐慌，阻止女性投入游戏。但他没想到，小羊羔也会怒吼。从这一点说，“艾尔之光”事件的意义不只是颠覆了女性刻板印象，它还为网游正名。这从声明中“游戏不等于暴力色情，我们公会入驻的《魔兽》、《艾尔之光》、《剑三》等游戏都是很好玩的、无害的游戏。热爱游戏的女孩也有一颗善良的心”，“我们在游戏中获得了尊重、认可”，“我想反问一句，我们哪里有错了？我们只是玩自己喜欢的游戏，凭什么需要面对你的指责和污蔑”等言论可以看出。

〔1〕 狐狸国度会长. 陶宏开向全中国女玩家道歉. 中国游戏公会联盟，2011—12—09.

在“玩网游就会网络成瘾”的恐慌中，政府左右为难，专家门派丛生，“杨叔”招摇过市，家长的“心头肉”被烤焦了也在所不惜。在这个绿树成荫、花草茂盛、“神舟”上天、奥运会成功召开的美好年代里，请让青少年静静地栖居。

网络游戏的规训

主流社会有自己的游戏规则，每一年龄段的角色应做出相应的行动。成年人努力工作，爱护家庭，维护社会；年轻人爱惜身体，好好学习，用心创业。网游玩家以痴迷于游戏的行为宣告主流社会游戏规则的无意义，这让家长、教师、社会很受伤。受伤后的主流社会并没有对我们的社会、教育、家庭作多少反思，而是认为玩家、网络游戏有问题，然后构建了一套系统来规训网游行为，用心良苦地希望玩家回归主流社会的怀抱。

本部分从主流社会对网游的规训着眼，分析主流社会对玩家的命名，主流社会的防沉迷系统，以及玩家对规训的妥协、逃离。

网瘾青年

主流社会对玩家的命名并不像日常生活中起外号那样只有“命名—传播”两个阶段。它有一个复杂的过程：得出一个名词——网瘾，建立网络游戏与网瘾间或然的因果关系，揭示网瘾的危害，引起社会的恐慌，形成玩家是“网瘾青年”的刻板印象。它表面上充满着辩证法，在逻辑上甚至无懈可击。

网络时代，很多青少年长时间沉迷于网络，以致无心于学习、工作和与外界交流。这种反常现象称之为什么呢？人类对新事物的认知都从命名开始，命名后才能保证大家谈论的是同一事物，才能共同研究、分析，从而掌握新事物。美国心理学家格登博格（Goldberg，1994）把这种现象称为“网络成瘾”（简称“网瘾”），后来，匹兹堡大学的金博莉·杨博士（Kimberly Young，1996）发展完善了这一概念。杨认为“网络成瘾”指在无成瘾物质作用下的上网行为冲动失控，表现为由于过度使用互联网而导致个体明显的社会、心理功能损害。为更好地界定“网络成瘾”，杨列出一份行为参照表，任何人只要具备了以下八项中的

“网络成瘾”指在无成瘾物质作用下的上网行为冲动失控，表现为由于过度使用互联网而导致个体明显的社会、心理功能损害。

五项就可以被认为是"网络成瘾"：

1. 整天对互联网念念不忘。

2. 为了获得满足感，在互联网上花费的时间越来越多。

3. 试图减少花在互联网上的时间但没有成功。

4. 在不上网的时候觉得坐立不安、喜怒无常或情绪低落。

5. 上网时间比预期的长。

6. 为上网而牺牲了与家庭和朋友的关系。

7. 对家庭成员撒谎，试图隐瞒上网时间。

8. 把互联网作为一种逃避问题的手段。[1]

用杨的参照表去观察网络游戏行为，会奇怪地发现大部分网游玩家的行为都符合五项以上，这五项是1，2，3，5，7。然而，我们不能据此说杨认为所有网游玩家都是网瘾患者，因为一些专家发现杨的参照表更适用于判别网络聊天、网站浏览、博客或社交网络是否成瘾，对判别电子游戏是否成瘾意义不大。于是，马克·格里菲思和马克·戴维斯在杨的基础上推出一份"电子游戏成瘾"参照表，认为具备以下六种症状的行为就可被定义为"电子游戏成瘾"：

1. 突显性：随时随地都想着游戏。

2. 情绪改变：在游戏时体验到兴奋感，或者说很"爽"。

〔1〕 转引自 Angeline Khoo，Matthew J. Hall. 家有玩主. 北京：清华大学出版社，2010：40.

3. 耐受性：玩游戏需要的时间越来越长。

4. 戒断症状：不玩游戏的时候情绪上会感到不适或痛苦。

5. 冲突：因为玩游戏而给工作、学习和家庭带来各种问题。

6. 复发性：在试图不玩之后又回到以前的样子。[1]

从这一参照表看，网络游戏行为中，确实存在网络成瘾。但不是所有长时间地玩网游的行为都是网络成瘾，玩到无法自控的程度才是网络成瘾。然而，“网络成瘾”概念传到中国后，经过官方与专家的解读，玩家的大部分网络游戏行为都被判定为网络成瘾，网络游戏与网络成瘾成为孪生兄弟。

网络游戏与网络成瘾成为孪生兄弟。

中国共青团下属单位中国青少年网络协会于2010年1月发布了《中国青少年网瘾调查报告(2009)》，报告中的“网络成瘾”概念选用杨的定义，但在界定“成瘾”与“未成瘾”时，报告对杨的标准做了自己的解读：

只要用户满足以下三个条件中的任何一个，即判定他/她属于“网瘾青少年”：

1. 总是想着去上网。

2. 每当因特网的线路被掐断或由于其他原因不能上网时会感到烦躁不安、情绪低落或无所适从。

3. 觉得在网上比在现实生活中更快乐或更能实现自我。

[1] 转引自 Angeline Khoo，Matthew J. Hall. 家有玩主. 北京：清华大学出版社，2010：41.

报告还以受访者对这三个条件选择的多寡，将网络成瘾分成轻度、中度、重度三个等级，并得出一个精确的结果：每天上网135.5分钟以上就是重度网瘾患者。

按照报告对“网络成瘾”行为界定中的第三个条件即“觉得在网上比在现实生活中更快乐或更能实现自我”，玩家的网络游戏行为就几乎全可视为网络成瘾了。因为根据本书第二部分对网络游戏文本的分析，网游世界原本就比现实世界更幻美、更容易获得成就。另外，互联网消费调研中心2010年对网游玩家消费的调查报告显示，近半数网游玩家每日游戏时间在3小时以内，在3～5小时之间的占34.7%，每日超过5小时的占总数的17.1%。[1]这显示有一半以上的玩家每日上网超过135.5分钟。按照这份官方调查报告，我们得出一个令人震惊的结果：网游玩家几乎全是网瘾青年，有一半以上的玩家是重度网瘾患者。

专家对网瘾的理解与官方有些不一样。《中国青少年网瘾调查报告(2009)》中，网瘾分成网络游戏成瘾、网络关系成瘾、网络色情成瘾、信息收集成瘾、计算机技术成瘾五类。专家认为网瘾就是网络游戏成瘾：

> (戒网瘾第一人——陶宏开)网瘾这个概念是错误的，应该改成游戏瘾或者是网游瘾。因为青少年不是由于上网看新闻、上网发信息而成瘾，而是上网玩游戏成瘾。
>
> 你到少管所调查一下，少管所的未成年犯60%到70%，甚至有80%是由网瘾而走上犯罪道路的，有哪

〔1〕 互联网消费调研中心.2010年中国游戏市场用户消费调查报告.互联网消费调研中心网，2010，9.

个电视成瘾走上犯罪道路的呢?[1]

（华南理工大学数学科学学院教师明宗峰）“网瘾”基本属于网络游戏沉迷。正常的网络行为一般是不会上瘾的，正常的聊天、看新闻、查资料、网上购物等行为通常不会达到上瘾的程度，即使上瘾一般也不会对用户造成危害。[2]

虽然官方与专家在网瘾概念的外延上观点不一致，但他们在网瘾内涵上的观点是一致的：网瘾是异常行为，它会产生危害性的后果。更重要的是，他们在网络游戏行为与网络成瘾的关系上也达成了共识，官方以严谨的调查表明大部分网络游戏行为是网络成瘾，专家以逻辑推理的方式证明网络游戏与网络成瘾存在因果关系。

当然，我们不能据此就认定官方、专家反对网游和玩家。因为早在中国青少年网络协会出台报告前，新闻出版总署就说过“抵制不良游戏，拒绝盗版游戏。注意自我保护，谨防受骗上当。适度游戏益脑，沉迷游戏伤身。合理安排时间，享受健康生活”。陶宏开、明宗峰在表达他们对网瘾概念的理解的同时，也说了“我们反对的是上网成瘾，从来没有反对网游或者是玩家”，“网络游戏是当前网络时代最具有代表性的娱乐方式，这种方式在很大程度上满足了相当一部分群体的娱乐需求，其社会价值也是巨大的……不良网络游戏是网瘾存在的根本原因”之类的话。这些话充满着辩证法，它将网游玩家分成游戏男孩和网瘾青年，

[1] 奶茶超人.对话陶宏开：99%的网瘾机构都是骗人的.腾讯游戏频道，2011—04—23.

[2] 人民网游戏频道记者.明宗峰：网瘾的根源在于不良的游戏规则.人民网游戏频道，2012—01—05.

将网游分成绿色/健康网游与不良/不健康网游，矛头指向网瘾和不良网游，既表达了对网游产业的支持，又表达了对青年的关心、关爱。

游戏男孩与网瘾青年的区别并不是一个高、一个矮，一个穿红衣、一个着绿装那样泾渭分明。

但这些富有辩证思维的话在网游世界是经不起推敲的。游戏男孩与网瘾青年的区别并不是一个高、一个矮，一个穿红衣、一个着绿装那样泾渭分明。网游不同于单机游戏和网页游戏，玩家只要爱上了一款网游，都会有一段较长时间的迷狂，行为表现上与网络成瘾的几个表现很吻合，外人看来，游戏男孩与网瘾青年是一样的。绿色网游与不良网游也很难定性。按专家的观点，不良网游指富含色情、暴力或变着法子圈钱的网游，绿色网游则相反。但从本书第二、三部分的分析，我们会发现，目前市面上人气火爆的网游虽然没有性的内容，但都富含暴力，都在想着法子让利润最大化，难道它们都是不良网游？所以，大众如果自己不是网游玩家，依据专家、官方的界定，会将大部分网游看成不良网游，将大部分玩家看成网瘾青年。

游戏致死的玩家。网络游戏的意义常被误解，其偶然致死的结果总让人记忆深刻。

令大众恐慌的并不是网瘾青年的称谓，而是网络成瘾带来的危害。来自医学、社会学、文化学等领域的专家、学者用科学实验、实证研究或文化批评的方法来证明或阐释网瘾会导致自身或外界的双重伤害。这些专家们得出的结果不只是我们熟知的睡眠不足、学习成绩下降、偷钱盗财，更多的是耸人听闻的结果。2012 年 1 月，中科院武汉物理与数学研究所雷皓领导的研究小组对 17 位网瘾患者脑部进行扫描，发现了如下结果：

网瘾患者大脑中一些白质纤维束（包括胼胝体、外囊、内囊、辐射冠、扣带等区域）的微观结构出现损伤。更重要的是，研究人员发现网瘾患者左侧胼胝体膝部损伤程度与其焦虑程度显著相关。此外，网瘾患者内囊、外囊白质损伤的模式与鸦片依赖患者非常类似，且左侧外囊损伤程度与患者网瘾严重程度显著相关。〔1〕

这一结果将网瘾的危害与毒瘾等量齐观，如获国际医学界证实，网游就会成为毒品样的人人喊禁了。专家们得出的网瘾的危害并不止于网瘾青年自身，它还会影响社会、戕害他人。如文化批评学者张嫣在《御宅男》一文中对“御宅男”这一词条的解释：

［御宅男］御宅，原意为“你家”。“御宅男”经过日本及台湾地区后转销大陆，简化为“宅男”，特指足不出户，不修边幅，终日沉溺于游戏、动漫且与外界格格不入的成年男子。多数“御宅”因作息紊乱，形象邋遢，常年龟缩于自我世界，不善社交且重度依赖网络而被称为“废柴”。在其憨实的外表下，往往潜伏着强大的报复性人格：缺乏对抗现实的勇气，却在虚拟维度爆发出惊人的戕害力，成为城市中难以统计的、隐形的“开膛手杰克”。御宅男的生存样态，再次将网络普及所带来的人格分裂、精神异化和空虚自闭等现代性症状推至幕前。〔2〕

---

〔1〕 鲁伟.中科院研究发现网瘾可致青少年脑结构改变.中国科学报，2012—01—11.

〔2〕 张嫣.御宅男//朱大可，张宏.21世纪中国文化地图.北京：商务印书馆，2008：218.

这一阐释虽然只是界定“御宅男”这一名词，但从中也可看出一些文化学者对网瘾青年的看法。网瘾青年不单自身形象令人作呕，更可怕的是他可能会成为以残忍手法连续杀害至少五名妓女的“杰克”样的杀人犯。

在专家以科学的方法揭示网瘾青年对自身、社会的可怕危害的同时，媒体也在以讲故事的方式佐证着专家们的观点。

媒体上，网游玩家有两种形象，即游戏男孩和网瘾青年。游戏男孩的形象内涵是自我、新奇、探索、好玩、拼搏。这一形象在广告中常可见，如腾讯的“DNF 态度宣言活动”宣传片“人家的孩子”：

独白：从小到大，我总能听见许多期望的声音。

场景一：室内

妈妈(厨房)：看人家的孩子，字写得多漂亮，看看你呢？现在字都认不全。

(孩子在厅内，正涂着画)

妈妈：我给你说话，你听到了没？

孩子(藏好画)：喔，听到了，我知道了。

场景二：街头

妈妈：人家孩子总考第一，你总是玩，这样下去怎么办？听到了没？

孩子：知道了。

场景三：室内

爸爸(拿着请柬)(对着妈妈)：你看人家的孩子，考上医学院了，多有出息。再看咱们的孩子！

妈妈：唉，知道了！

独白：不是他们说的不对，只是，我知道，每个理想实现起来都不容易。我不愿意想很远的事情。我只想明天早起一分钟，明天多看一页书，下次考高一分。目标虽小，却充实得很。

[青年拿着小时候的画和礼盒。画上是爸爸和妈妈，礼盒上写着“18 岁送给爸爸的礼物（未送出）”]

独白：有些话，我不愿说出来，但我一直在努力做。趁着年轻，慢慢来，没什么不可以，人生的一百道题，我会一题一题地做。这就是我，3，2，1，fight！

这些作品中的游戏玩家的形象是正面的，他们爱玩，而且玩得有意思。他们玩，但并不代表他们没追求，他们也有梦想，有自己的社会认识。

玩，并不代表他们没追求，他们也有梦想，有自己的社会认识。

在主流报纸、电视台、网站的新闻报道中，我们更常见第二种玩家形象：网瘾青年。他们的内涵是堕落、毁灭、犯罪。如前文述及的辽宁卫视的《一个 32 岁青年的游戏人生》这期节目，讲述了主人公王刚读高中时就爱玩游戏，一度荒废了学业，但在家长的监视、督促下，他突击两个月，考上了一所二本高校，大学里依旧沉迷游戏，以致大学肄业，最终命丧黄泉。再如潍坊新闻网一篇名为《大学生沉溺网络难自制，为戒网瘾抢劫进班房》的报道，讲述了 26 岁的王某出身农村，以优异成绩考取了重点大学，后沉迷于游戏不能自拔，为了戒除网瘾，他持刀抢劫以求进监狱。

这些报道讲述网瘾对于个人的伤害时，常用的叙事结构是：好青年/聪明的青年——染上游戏、不能自拔——堕落/死亡，有意地在网络游戏成瘾与堕落、毁灭间建立必然的因果关系。

如果说媒体对网瘾青年毁灭自己的报道引起的是大众的唏嘘感叹的话，那么对网瘾青年危害他人、社会的报道只会引起大众的毛骨悚然。《南方周末》有篇报道名为《17 岁的残酷青春》，讲述 2008 年 3 月 15 日，福建省武平县实验中学一名 17 岁的男生钟平将同班一女生残忍杀害后分尸。这篇报道中还有大段的细节描述：

> 他把尸体分了19袋。
>
> 当晚，钟平被抓获。一些同学说，当时钟平身上还藏着一节手指头。
>
> 钟平主要玩两种流行网络游戏：《魔域》和《劲舞团》。
>
> 钟平杀人前，已写好杀人日记，称“喜欢那种杀自己喜欢的人的快感”，还不断提到“在网络游戏中分尸可以加分”。
>
> 钟平的QQ空间叫“全球关注”，进入主页，有黑色背景的几张图画：一个如同恐怖片场景的绿色大眼睛的女孩伸手遮住嘴巴，手掌处是“悲伤世界”4个大字；下面一张图片画着代表爱情的粉色心灵和代表恐怖的骷髅，写着：“花是怎样死的，踩死的撒。”……最后一张是一个巨大的“奠”字，两边写着：“请允许我尘埃落定，用沉默埋葬过去。”〔1〕

这些细节表现了钟平的残忍和内心的阴暗，并将这种残忍和内心的阴暗与他玩网络游戏建立起因果关系。

至此，我们可以看清网游玩家就是“网瘾青年”这一形象形成的逻辑了。官方、专家、媒体都宣称玩家分网瘾青年/少年和正常玩家两种，但他们对“网络成瘾”的界定使非网游玩家很难看出痴迷于网游与网络成瘾的区别。专家论证和媒体报道的网络成瘾的危害使家长、社会不寒而栗，这种恐慌使他们即使在内

〔1〕 何海宁.17岁的残酷青春.南方周末，2008-04-16.

心将玩家分成两类,但亲眼目睹自己的孩子或身边的青年痴迷于网游数日,就会认为这些孩子或青年会走向万劫不复的深渊。

网游防沉迷系统

网瘾青年对自身和社会的危害令大众闻之色变,思之心惊。青年是家庭的未来、祖国的希望,身负全社会的期望,如果一代青年都成为网瘾青年,那我们就家难成家,国将不国,这个社会就完蛋了。官方、专家、媒体告诉我们,网络游戏行为和网瘾之间有因果关系。于是,官方、家长、学校共献良策,齐心合力,从网络游戏和青年着手,双管齐下地构建了一套网游防沉迷系统。

官方的防范措施体系庞大、内容广博,可谓殚精竭虑。2003年6月26日,国家新闻出版总署要求所有网游在游戏开始前,必须在画面的显著位置全文登载《健康游戏忠告》:"抵制不良游戏,拒绝盗版游戏。注意自我保护,谨防受骗上当。适度游戏益脑,沉迷游戏伤身。合理安排时间,享受健康生活。"2009年6月26日,文化部和商务部出台《关于加强网络游戏虚拟货币管理工作的通知》,规定网络游戏运营企业不得在用户直接投入现金或虚拟货币的前提下,采取抽签、押宝、随机抽取等偶然方式分配游戏道具或虚拟货币。2010年8月1日,国家新闻出版总署施行《网络游戏管理暂行办法》,规定网络游戏中不能含有危害国家,宣传迷信,煽动民族仇恨,散布谣言,宣扬色情、暴力等的内容。

这些法律条文针对的是网络游戏和网络游戏运营,从中可以看出官方的良苦用心,他们希望从源头着手,断绝网瘾的来源。但第一个规定只是友情提示,和香烟盒上的"吸烟有害健康,尽早戒烟有益健康"的告示一样,只起提醒玩家意识到国家的关爱的作用。第二个规定在第三部分已经作了分析,网游商会争辩说我只是做个促销活动，你看玩家虽然没有砸出神器，可他砸出了好多稍差一点的消耗品、服装、宠物，按网游商店的价格，我还亏了呢。并且，我又不是做彩票业，又没有开设游戏币可以购买实体物品的商店，无损于国家的金融体系。政府有关部门觉得也有道理，就不会深究。第三个规定形同虚设，市面上热火的、被媒体报道因其使青年成瘾的网络游戏，不单没有危害国家、煽动民族仇恨、宣传迷信等内容，连备受指责的色情、暴力也比有的电影干净，不信，去那些网络游戏里面看看。

官方不单规约源头，还从玩家着手，规范由此衍生的行为。2007 年 7 月 16 日，新闻出版总署、公安部、教育部、信息产业部等八部委联合推出精心研制的"网络游戏防沉迷系统"，规定全国所有网络游戏，不管是角色扮演、休闲还是射击类游戏，都须安装"网络游戏防沉迷系统"软件。该软件运行后，玩家如果未实名认证，或通过实名认证是未成年人，游戏时间超过 3 小时，游戏就会自动提示用户经验值及收益将减半；超过 5 小时，经验值及收益为零。这显示了官方严厉的一面，其实官方还有温情脉脉的一面。2005 年 1 月，北京市未成年人保护委员会、中国科学院心理学研究所等数家机构，联合开展了青少年网络依赖戒除"虹"计划，从 100 多位报名者中(其实来报名的都是家长)选出 13 名"深度网瘾患者"免费受训。这 13 名"深度网瘾患者"年龄最大的 24 岁，最小的 15 岁，包括 5 名大学生、1 名研究生，其他的大多为高中生，还有休学在家的。训练采用拓展训练和讨论课两种形式，训练时间为期一周。2005 年 3 月，中央文明办、共青团中央、新闻出版总署、中国社会科学院和光明日报社共同主办"健康上网拒绝沉迷——帮助未成年人戒除网瘾大行动"。内容是邀请知名专家、学者以讲座、论坛、心理咨询等形式在上海、济南、南京、徐州等 21 个城市开展巡回演讲，引导家长积极学习网络知识，帮助未成年人树立健康上网理念。这一行动引起了极大的社会影响。

然而,官方的苦心孤诣是失败的,这些或严厉或温情的举措并没有取得预期的成效。“网络游戏防沉迷系统”不单对已满18周岁的青年完全没约束力,连对未成年玩家的作用也不大。因为防沉迷软件是以输入的姓名和身份证号码完成验证的,未成年玩家只需记住一个成人的名字和身份证号码就可以无损于自己的游戏成就了。父母不会把自己的身份证锁在保险柜里,负责防沉迷系统的部门也不会打电话或上门询问那个以你名字实名认证的玩家是不是你本人。“虹”计划也彻底失败了,13位所谓“深度网瘾患者”没一个戒除网瘾成功。让组织者尴尬的是,酷爱网游的受训者在训练营里主要的收获是结交了“高手”,交流了网游经验。事后甚至出现了受训成员一起打游戏的情况。[1] “大行动”不但没形成如何戒除网瘾的共识,而且成了某些人赚钱的手段。当时的领衔专家陶宏开对《南方周末》记者叙述,“‘大行动’从2006年开始,一些主管网瘾工作的政府机关,便开始入股戒网瘾中心,并通过自己的政治资源,给网瘾中心招生,获利后,双方三七分成”。但“大行动”引起了极大反响是真的,它让大众知道原来网瘾这样可怕。

家庭和学校没有规范网游商的权力,他们便从玩家着手推出防沉迷举措。家长的防范举措一般是少给钱、锁电脑、紧盯着。如一位家长所言:“以前我为了让他少打点游戏,不知道花了多少力气!停发零花钱,不让他去买点卡;电脑开机密码换了好多次,差点自己都记不住了;把插电脑电源的接线板藏起来;只要孩子周末出门,就要经常打电话看他是不是去网

〔1〕 杨继斌.网瘾治疗:门派并起,裸奔五年.南方周末,2009—09—02.

吧了……"[1]此外还有苦口婆心劝说法，用讲道理、举例子的方式让玩家意识到沉迷网络游戏的危害。学校采取的防范措施除苦口婆心法外，还有定时关开门、电或网络法。中学生在学校里接触电脑都在课堂上，有老师盯着。所以中学主要防范学生在外面接触电脑，采取的措施是定时关开校门。高校是定时关开宿舍门、电、网络三管齐下，一般是晚上 11 点左右关，早上 6 点左右开，有些仁慈的高校会在周末 24 小时开电或网络。还有高校全年 24 小时供电、网络(检修另当别论)，但封游戏端口，让学生只能上经学校筛选的健康网站，不能登录网络游戏。具体有多少学校定时关开门、电、网络，没有官方或第三方的调查数据，但从笔者对自己所就读的、参观过的高校的观察，以及网络上对大学生的访谈看，绝大部分高校都采取了这些防范举措。

家庭和学校采取的规约的方法表面看来很有效果，它切断了玩家与网络游戏沉迷的连接，使玩家望洋兴叹，但实际上作用也不大。家长不可能一天到晚盯着孩子，也不可能一分零花钱都不给孩子，信息化年代，更不可能不让孩子接触电脑。真要这样做反而会引起孩子的逆反心理，甚至使孩子采取一些过激行为，那样就得不偿失了。家庭规训对未成年人的作用尚且如此，对年轻人就更不起作用了。年轻人有更多的属于自己的时间和空间，有比未成年人多得多的零花钱或自己有一定的收入，并且他们掌握的网络技术的知识多于父母，也更容易在父母眼皮底下逃离规训。学校的规训也一样，中学不可能 24 小时把学生关在学校，高校也不可能不给大学生自由的时间和空间。更要命的是，玩家们有的是办法逃离规训，你定时关开宿舍门，我就不进宿舍，搬出去住或泡在网吧；你每日查寝，我就翘课白天玩；你

[1] 杨玉红.封号限制网游学生抱怨，狂开 14 个小号逃避.新闻晚报，2011—02—16.

断开游戏端口，我就使用网络代理。当然，也有更多的玩家住宿舍，不翘课。那他们是怎么玩的呢？他们发扬“挤海绵”的精神，挤出吃饭、午休或其他休息时间来在网游世界徜徉。

官方、家庭、学校共建的防沉迷系统表现了他们对青少年的关爱，但令他们万万没想到的是，这一系统不仅没让青少年玩家回归他们的怀抱，反成了网游商、网瘾治疗中心、网吧等的赚钱工具。

这一系统不仅没让青少年玩家回归他们的怀抱，反成了网游商、网瘾治疗中心、网吧等的赚钱工具。

在政府部门施行一系列的规训网游的法规时，网游商都很配合，不仅在网游内装上“网络游戏防沉迷系统”软件，在游戏开始时显现《健康游戏忠告》，对游戏画面中色情、暴力等进行了净化，还推出了设置网游屏蔽软件，设置网游疲劳值等政府部门、家长、学校没想到的防沉迷方法。

网游屏蔽软件的原理很简单，就是预先筛选一些字词、图片，使用技术让其不能显现。绝大多数网游内，玩家只能以文字聊天，所以网游屏蔽主要是文字屏蔽。玩家如果在网游世界使用屏蔽词，就会面临两种惩罚，一是所发字词变成“＊＊＊＊＊＊”或乱码“％＄＃＄％”，另一是取消玩家一段时间的发言权，通常是1个小时。令我们感兴趣的不是这一方法的技术和惩罚方式，这在各大网站都可见到，我们感兴趣的是究竟有哪些字词是网游商的屏蔽词。按笔者在《魔兽世界》、《地下城与勇士》、《天龙八部》、《征途》、《神鬼世界》五款热门游戏内的实验，发现涉及《网络游戏管理暂行条例》中规定禁止的内容的词语都被屏蔽，如“独立”、“大法”、“杀人”、“圣战”、“奸”、“娘”、“猪猪”等。这反映了网游商拥护党和政府，关爱玩家。但还有些屏蔽词是《条例》并未规定禁止的内容，如“广告”、“5173”、“挂”等，这些词语多和网游商的利益有关。因为这类屏蔽词没有共用字词表，所以上述网游世界内的这类屏蔽词只是在大方向上一致，具体屏蔽词又有些不一样。如《地下城与勇士》中，“马化腾”是关键网游世界内，屏蔽字词很多，多到玩家常会惊讶地发现：咦，这怎么也是屏蔽词？

词，但在《魔兽世界》中不是。网游世界内，屏蔽字词很多，多到玩家常会惊讶地发现：咦，这怎么也是屏蔽词？如《魔兽世界》内，玩家输入“沙僧”会被显现为“％＄＃＄％”。“沙僧”被屏蔽有点让人难以理解，左思右想，可能是“沙”和“杀”同音。但有些屏蔽词让我们想破了脑袋也不明原因。在《地下城与勇士》中输入“场面温馨”，显现为“场面＊＊＊＊＊＊＊”。屏蔽词太多妨碍了玩家的正常交流，激起了玩家的愤怒，于是他们使用多种方式来对抗屏蔽技术，常用的是空格法、分解法、谐音法，如“沙僧”打成“沙　僧”、“奸商”打成“女干商”，“马化腾”打成“麻花藤”或“麻花疼”。网游商对这些策略也很恼火，但又不能随意扩大屏蔽词，所以也就罢了。但有些行为由于对网游商利益损害极大，所以网游商也会穷追不舍。如外挂宣告了网游商精心设计的商业模式的无意义，对网游商利益损害极大，于是“外挂”、“挂”都成了上述所有网游的屏蔽词，玩家于是将其改称为“科技”或“G”，网游商对此穷追不舍，将“G”和“科技”设定为屏蔽词，玩家无奈，于是将外挂改称“神秘力量”。这种情况下，网游屏蔽软件就不只是响应官方爱护玩家的号召了，它更成为网游商维护自己利益的工具。

疲劳值是一些网游研发商针对网游副本设定的指数。网游系统每日给予玩家一定数量的疲劳值，每进入副本一次，就消耗一定数量的点，疲劳值消耗完毕，玩家就不能进入最能获得个人成就感的副本了，要到次日凌晨6点才能恢复。据称这一方式是为了防止玩家游戏沉迷而设定的，这从它的命名也能看出。官方、家长、学校一看，觉得这些网游商真善解人意，疲劳值没了，玩家就不能玩了，只好爱惜自己——睡觉，就不会沉迷了。但这种方式其实是网游商的另种商业策略，它们可利用疲劳值来大做商业文章。《地下城与勇士》中，玩家每天的疲劳值为156点，每进入副本的一道关卡，就消耗1点疲劳，当疲劳值为0

时，玩家只可待在安乐祥和的地城或参加个人竞技。但疲劳不是恒定不变的，玩家可通过购买魔界抗疲劳药水、开通黑钻、收徒、参与游戏的活动等方式来增加疲劳的最大值或获得疲劳值。这些方式都需付出代价，或钱，或时间。如开通黑钻可将疲劳值上限提高到188，开通黑钻每月需交20元人民币；魔界抗疲劳药水可增加50点疲劳值，每瓶售价5元。师徒亲密度达到一定程度，师傅会获得徒弟赠送的疲劳值，但需两人同时在线。网游商设置疲劳值，看似为防沉迷出尽良策，实则为谋取私利。

网瘾治疗中心是在政府、家长、社会的共同期盼下创立的，它承载了这些主体对青少年的关爱、期盼。这些治疗中心也以校训或宣言向这些主体表达了他们不负重托的决心与能力。如广东阳光新希望教育学校宣称的办学宗旨："以有利于孩子健康、阳光的成长，有利于孩子快乐生活、学习，有利于家庭和睦，有利于社会祥和为根本宗旨。对孩子负责，对家长负责，对社会负责。"再如临沂网戒中心的《最想和家长们说的话》："您若能来这里考察，您会看到每一个孩子由自由懒散变成守纪勤快，由以自我为中心变成乐于奉献；每一位家长都会由来时的愁容满面变成离时的笑意盈盈，由绝望无比变成充满希望。"更多的是春雷青少年特训学校式的极具诱惑力的保证："特训孩子100%成功转化，50%成才。"这比驾校的驾照考试通过率还高。

他们真的有那样的菩萨心肠和乾坤大挪移的能力吗？我们可从对这些网瘾治疗中心的治疗方法和他们的师资力量的分析中来回答这个问题。

网瘾治疗中心的治疗方法主要有三种：惩戒法、服药法、疏导法。

惩戒法采用惩罚的方式，如体罚、负重跑步、电击等，以此来让青少年达到戒除网瘾的目的。最有名气的是杨永信的电击醒脑法，他用已经淘汰的电休克治疗仪对网瘾青少年进行电击，使被治疗者的不良行为与电刺激之间建立起条件反射，让治疗者对不良行为产生厌恶体验。杨的成名来自于他用电击的方式使一位暴躁的网瘾少年温顺地称他为“杨叔”。“杨叔”于 2007 年获“山东省未成年人保护杰出公民”称号，2008 年获国务院政府特殊津贴。

服药法以网瘾是一种病为理论基础，采取服药的方法对网瘾青少年进行治疗。其中，以北京军区医院成瘾医学中心主任陶然最有名气，他多次宣称网络成瘾在医学上就是一种精神病，并在他所在的成瘾医学中心施行西药治疗网瘾的方法。陶然是《网络成瘾诊断治疗标准》的制定者，在这份所谓的《标准》中，他认为有日均 6 小时以上非工作学习需要的上网，结合相应的症状表现，便可认定为网瘾患者。

疏导法采取对话、谈心、兴趣转移等方法来达到戒除网瘾的目的。其中，以陶宏开的“对话法”最为著名，它分为让青少年认同谈话者、让青少年认同父母、让青少年认同学习、让青少年自觉认识到网络成瘾的坏处并自觉地戒除网瘾四步。[1]“对话法”的名称源于他经常讲到的一个故事。2004 年的一天，陶宏开看到当天《武汉晚报》的头版头条，是武汉妇女舒梅的一封公开信《谁能帮我救救女儿》，信中讲到她的女儿身陷网络不能自拔。陶宏开拨通了《武汉晚报》编辑部的电话，说想试一试。那个“绝望母亲”次日便携女儿来到了陶宏开的家里。然后，奇迹出现了：女孩在和陶宏开进行了数小时的面谈后，戒除了网瘾。陶宏开也因此被誉为“中国戒网瘾第一人”。

至目前为止，卫生部并没有确认网瘾就是一种病，国家也没有出台网瘾治疗指导性意见。

惩戒法其实是虐待青少年。至目前为止，卫生部并没有确认网瘾就是一种病，国家也没有出台网瘾治疗指导性意见。惩戒法是没有医学或法律依据的。没有依据，以胁迫的手段控制

[1] 中国青少年研究中心.关于青少年网瘾及其戒除的研究报告，2007，4.

一个人的行为就是虐待。这种方法不但不能帮助青少年解除网瘾，反而会激起他们的愤怒，使其转而采取过激行为。《东方早报》对杨永新“醒脑电击法”治疗结果的报道验证了这一点：

> 曾有在网戒中心“表现出色”的孩子离开后，在网上发帖陈述自己的痛楚，用文字、图片、视频等方式表达对杨永信的憎恨，有的甚至扬言要报复。在“杨永信吧”1万多个主题、8万多篇帖子中，有一半以上帖子恶搞、咒骂杨永信和他的网戒中心，且言辞激烈。[1]

卫生部也意识到“电击法”的负面效果，于是通知：“‘电击治疗网瘾’技术的安全性尚不确切，暂不宜应用于临床，因此要求停止该疗法的临床应用。”“电击法”虽被禁止了，但其他惩戒法依然存在。中国青少年研究中心提供的《关于青少年网瘾及其戒除的研究报告》中称，退伍军人成了最受网瘾学校欢迎的教官，他们实施公开严厉的体罚、限制人身自由、超负荷体能训练等。广州晴朗天心理咨询中心主任袁荣亲接受《南方周末》记者采访时称，“2009年4月，团中央下属单位搞了一个网瘾戒除的会议，我受邀参加，结果我去了发现差不多90%都是退伍军人和学校的普通教师，受过系统的教育学和心理学训练的确实还是很少”[2]。

服药法一样是“无证驾驶”。服用药物貌似比暴力温和，实则伤害不小。医学上早有定论：药能治人，也能害人。即使服用的是对症下的药，一旦过量也会形成药物依赖。网瘾是一种

---

〔1〕 吴玉蓉，邹娟．电击治网瘾调查：烤焦皮肤生不如死．东方早报，2009－07－15.

〔2〕 杨继斌．网瘾治疗：门派并起，裸奔五年．南方周末，2009－09－02.

病只是个人及小众的观点，依据个人观点给网瘾患者下药，无异于给吸烟者服用西药。考虑到精神病药物副作用更甚于一般药物，陶然的治疗方法就更可怕了。

疏导法最具有人文关怀，但从其施行方法看，效果值得怀疑。陶宏开的“对话法”的第一步是要患者认同谈话者，如果谈话者对网络游戏有偏见，患者是不是也要认同他？“艾尔之光”事件中，陶宏开放言女人玩游戏，危害的是两代人，这个时候要认同他，那就是“屈同”。第一步就进行不下去，更遑论下面几步了。其他疏导法也一样貌似温情脉脉，细究一下效果都值得怀疑。春雷青少年特训学校采取疏导法成功地戒除了16岁少年胡嘉的网瘾，春雷的方法是这样的：

> 一是对其进行心理沟通，消除他对父母离异以及跟随妈妈在外漂泊所造成的心理阴影。二是对他施行兴趣转移法，发现他的特长，激发他的潜能。执教的刘教官发现他的文字写得很不错，每次写总结都会拿他写的当范文，平时学校出黑板报也推荐他去策划，这在一方面很大地加强了他的自信心。三是对他进行亲情感化，培养他的感恩之心。〔1〕

这一案例非常感人，逻辑严谨。但我们发现心理沟通、兴趣转移、亲情感化这些方法中学也在用，为什么中学老师施行起来就不能戒除胡嘉的网瘾，春雷就行呢？有人会说春雷有更多的心理教师。是的，春雷有12名心理教师，比中学里的心理教师多得多。但从春雷教育网上对这12名心理教师的简介看，有7位的文化程度是大学以下。这所特训学校中，军事教官最多，占

〔1〕 春雷教育.胡嘉的网瘾.春雷教育网，2010－10－17.

专任教师总数的 40%。

从网瘾戒疗中心的方法与师资看，这些中心既不是菩萨心肠，也没有逆网瘾之力，他们所求的就是商业利益。据《南方周末》报道，2005 年年初，一些网瘾学校的学费便达到了 6000 元/月，而到 2008 年，行情更是涨到了 10000 元/月。通行的疗程是 3 个月。即使按 5%计算，中国 4.5 亿青少年中，也隐藏着数百亿的庞大市场。[1] 目前没有一家网瘾戒疗中心是公立的，即使挂着某公立医院或高校的牌子，性质也还是民营的，其收取学费也无可厚非。关键是，收取费用却不兑现承诺的结果，这就是诈骗了。

让我们百思难解的是，诈骗为何还能形成一个产业？原因在于官方、家长想把网游防沉迷系统做得更庞大，更滴水不漏。官方这种心理在授予杨永信 2007 年“山东省未成年人保护杰出公民”荣誉称号及 2008 年国务院政府特殊津贴等行为中可以见出。网瘾是否是一种疾病还未获卫生部确认，杨永信就对青少年施行精神病患者的治疗方式，官方授予其诸多殊荣，可见全社会想防范青少年的网络游戏行为急迫到什么程度。家长的这种心情更急迫，他们被官方、专家、媒体揭示的网瘾的危害吓破了胆，当自己的孩子网游成瘾，自己又百法无效，突然听说有号称能短时戒除网瘾的戒疗中心，他们高兴得无以复加，以致发生下面的故事：

> 这个孩子出来时，太阳穴的皮肤都烤焦了，皮肤红得发烫。可是父母呢，还高兴得不得了。为什么高兴？每一个出来的孩子，杨永信都要求他们见父母面时下跪、抱头痛哭，否则马上再进行电击治疗。如此一来，

〔1〕 杨继斌.网瘾治疗：门派并起，裸奔五年.南方周末，2009－09－02.

哪个孩子还敢不和父母抱头痛哭?[1]

家长已经把网瘾当成猛兽、恶魔，只要打败了它，“心头肉”焦了、烫了也愿意。

孩子是父母的心头肉，孩子皮肤都烤焦了，父母还高兴得不得了。家长已经把网瘾当成猛兽、恶魔，只要打败了它，“心头肉”焦了、烫了也愿意。在官方、家长双方急迫的心态下，并不是高科技骗术的网瘾戒疗成了一个潜在价值高达百亿元的产业，成了网游防沉迷系统中的最大获益者。

网游商、网瘾戒疗中心利用的是官方、家长们急于扩大网游防沉迷系统的心理，网吧业则利用了青年对这一规训的逃离与抗争，后者表现在网吧的选址、计费、商业模式、设施布置上。

网吧一般于高校，闹市区，工厂、企业集中的地方，酒吧、酒店集中的地方选址。之所以选择这些地方，不单是因为人口密度大，关键是青年人多。高校青年人多不必赘言；工厂、企业集中的地方，务工人员大部分是青年人；闹市区和酒吧、酒店集中的地方青年人的比率要低于前两者，但因为总人数多，青年人的具体数也就多起来。《方圆》记者郜筐在北京一家酒吧的所见也证明了这一点：

> 这家网吧叫“JJ”，位于北京小屯路和大成路交汇处西南角一座大楼的地下一层。入口处紧挨着一家足浴按摩中心，对面是京客隆超市旗下新开业的一个大卖场。
>
> 这家网吧的身份证登记还是相当严格的，只有18岁以上才允许上机。因此，可以确定，这200多人年龄都在18岁以上。18岁至30岁之间的约占90%以上，

---

〔1〕 吴玉蓉，邹娟.电击治网瘾调查:烤焦皮肤生不如死.东方早报，2009—07—15.

剩下的年龄也都在 40 岁以下。女性上网者共 63 个人，约占总人数的 30%。[1]

城市中的网吧。网吧的便利、无羁使它成为青年玩家逃离父母、学校规训的首选地。

网吧的计费、商业模式、设施几乎是为青年玩家量身定做的。网吧按时计费，一般的网吧每小时 2～4 元。实行小时计费外，网吧还实施包夜价，通常是从夜间 11 点到次日凌晨 7 点，也有从夜间 12 点到次日凌里 6 点，价格比按时计费便宜一些，一般为 8～10 元。网吧会分成大厅和包间两类空间，包间属于 VIP 待遇，一人独享空间，电脑配置也会高一些。网吧的商业模式不只是卖服务，还卖实物，通常是方便面、香烟、矿泉水、饮料。此外，每一网吧都有合作的小炒商、盒饭店。网吧内的电脑配置一般属于当下市场的中高档，显示屏会夸张地大。网吧内的坐具是沙发，沙发都异乎常态地大；包间内的沙发几乎全是长沙发。

媒体报道的以青少年为主角，以网游为凶手的悲剧中，网吧常扮演着帮凶、窝藏犯的角色，并被描述成乌烟瘴气、藏污纳垢之所。然而在现实的网吧中，已很难见到未成年人。它煞费苦心地从选址、收费、设施布置、商业模式上改变自己，目的是什么呢？目的是吸引更多的青年人来玩网络游戏。按网吧的规则，青年人只要肯付出 40 元，就可以 24 小时尽情地玩游戏。累了可以躺着休息一会，饿了、渴了喊一声就有人送饭、送水（当然得

媒体报道的以青少年为主角、以网游为凶手的悲剧中，网吧常扮演着帮凶、窝藏犯的角色，并被描述成乌烟瘴气、藏污纳垢之所。

〔1〕 郃筐.亲历网吧 24 小时.方圆，2011－01－20.

另外付费)。

网吧的收入有多高呢,按部筐 24 小时的观察,“如果一天 24 个小时 216 台电脑全部客满的话,一天的收入是 16368 元,平均每天一半的上座率是可以保证的,那就是 8184 元,加上饮料、纯净水、食品和香烟的收入,不会低于 9000 元”。这些利润有多少是青年人玩游戏贡献的呢?虽不能得出一个精确的数据,但根据部筐的观察:

> 有网上聊天的,斗地主、打够级的,看电影、看网络小说的,随便浏览网页的,网上填简历找工作的。大部分都在玩游戏,单人的,对战的,一个个全神贯注,如醉如痴,酣战不停。[1]

我们可以得出一个概数:网吧有一半左右的利润是青年人玩网游贡献的。前引部筐的观察中,有这样一个数据:网吧中 18 岁至 30 岁之间的顾客约占 90%以上。这段引述中有一句话:“大部分在玩游戏”,90%的大部分,最低也有 45.1%。

我们不能说这一半左右的收入就是利用青年逃离网游防沉迷系统的规训得到的,因为这里面也有玩两三个小时就离开网吧的青年人的贡献。但从网吧提供包夜优惠、沙发宽敞、饮食便利、屏幕宽大等诱引玩家逃离规训的举措看,网吧业从青年人对规训的逃离或抗争中获利匪浅。

从防沉迷系统的内容,玩家对这一系统的逃离与反抗,防沉迷系统的被利用的分析可以看出,政府、家庭、高校共攘共举的网游防沉迷系统并没起到他们期待的效果。由于这一系统建立在“玩网游=网瘾”的片面认知上,玩家对这一系统的逃离也就

---

〔1〕 郎筐.亲历网吧 24 小时.方圆,2011—01—20.

有了反抗的意义,它以叛逆的形式提醒社会注意"网游=网瘾"的片面性。但大部分逃离的结果是消极的,它不单未引起主流社会的思考,反使玩家成为一些商业机构的利用对象。

它以叛逆的形式提醒社会注意"网游=网瘾"的片面性。

那么,从主流社会角度而言,玩家怎样才能回归呢?

回归,"浪子"

我们先用逻辑推理的形式来看网游防沉迷系统的真正所求是什么。

网游防沉迷系统并没有否认玩网游,它求的是防,我们可以得出它的所求是:如何让玩网游的青少年不沉迷于网游。网游文本"真实的虚拟世界"的特性使玩家在网游世界有较长一段时间每天都有做不完的新鲜事。玩家真正了解并爱上了一款网游,他的行为表现就是痴迷。"痴迷"经过专家和媒体制造的恐慌,就变成了家长、教师、社会眼中的"沉迷"。所以,我们可以得出两个等式:玩网游=痴迷,痴迷=沉迷。"沉迷"是官方对"网瘾"的羞涩使用。所以,我们还有第三个等式:沉迷=网瘾。根据等量代换,我们会发

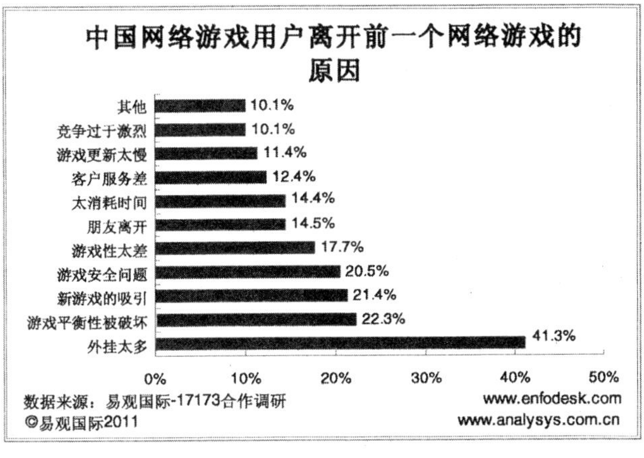

2010年中国网络游戏用户离开前一个网络游戏的原因〔1〕

〔1〕 易观国际.中国网络游戏市场用户研究报告(2010).17173游戏网,2011,3.

现整个网游防沉迷系统建立在“玩网游＝网瘾”的基石上。于是，网游防沉迷系统事实上的所求是：如何让玩网游的青少年不玩网游。

我们可以用直观的数据来回答这个问题。

2011年3月，易观国际发布的《中国网络游戏市场用户研究报告(2010)》显示：“中国网络游戏用户离开前一个网络游戏的原因”主要是网络游戏本身。包括“外挂太多”、“游戏平衡性被破坏”、“游戏安全问题”等在内的7个原因占比共156.2%，“朋友离开”和“过于消耗时间”分别占14.5%和14.4%，“其他”占比10.1%。这一调查是17173游戏网和易观国际调研所合作实施的，不排除掺杂了网游商的利益。为求公允，我们选择了独立于网游商、政府的艾瑞咨询集团的同年对同一现象的调查。根据艾瑞咨询集团的报告，玩家离开网络游戏的主要原因也被归结于网络游戏本身。包括“外挂”、“游戏费用过高”、“游戏账号被盗”、“游戏设定不平衡”等在内的12个原因占比共251.5%。“朋友们离开”占比30.5%，“其他玩家素质太差”占22.5%，“其他”占15.3%。

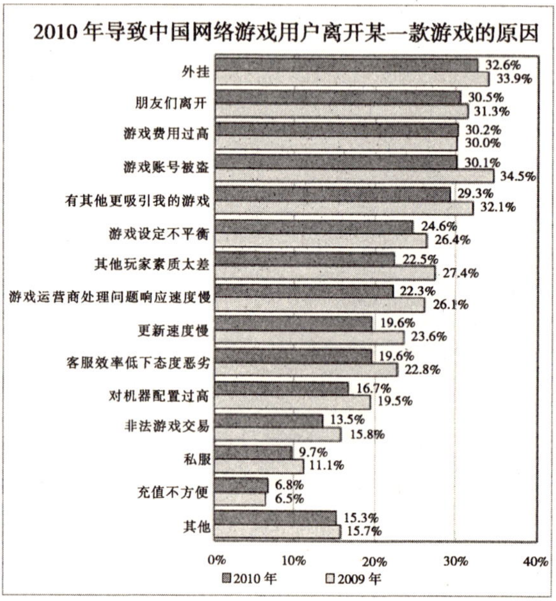

2010年导致中国网络游戏用户离开某一款游戏的原因〔1〕

〔1〕 艾瑞咨询集团.中国网络游戏用户行为研究报告.艾瑞咨询网，2011，1.

根据这两份调查报告,除了得出玩家离开网游的主要原因在于网游自身这一结论外,我们还可发现,“其他”占比很低。因为选择项中没有“‘杨叔’的电击”、“社会期待的目光”、“亲人的劝说”等具体选项,所以我们将来自于网游防沉迷系统的所有原因统统划归为“其他”。网游自身的原因可理解成玩家在游戏里找不到自己的快乐,觉得网游没意义。两份调查报告对“2010年中国网络游戏用户离开某款网络游戏的原因”的调查采取的都是多选法,所以会出现总占比大于100%的情况,我们把总比变成100%,会更直观地发现两者间的差距究竟有多大。经过转换,易观国际的调查报告中,玩家因网游自身的原因而离开游戏的占比80.0%,“其他”占比5.2%。艾瑞咨询的调查报告中,由于网游自身的原因而离开的玩家占比78.6%,“其他”占比3.6%。两项数据对比,我们会发现,玩家离开网游的主要原因是在游戏里找不到自己的快乐,来自政府、家庭、高校、网瘾戒疗中心的原因则少之又少。也就是说,让青少年在网络游戏里找不到自己的快乐、觉得网游无意义可以让青少年回归主流社会的怀抱。按两份调查表报告所提供的选择项去做,会达到上述目的,但会毁了整个网游业。那么还有哪些东西会让青少年觉得网游无意义呢?我们看几个“网瘾青年”的故事:

玩家离开网游的主要原因是在游戏里找不到自己的快乐。

酷猫:我现在还在玩《传奇》,因为没有一个游戏的PK感比《传奇》更好,而且我也没玩过别的游戏。

掉线勇士:渐渐地我觉得我的身体成为了傀儡,游戏的傀儡!我悔恨,我想脱离这些折磨,直到有一天,父亲重病住院了,在网吧正在高兴地玩游戏的我听到了这个噩耗,终于崩溃了。

我最终放弃了游戏,放弃了这些可怕的东西,因为我知道家人朋友比什么都重要。我开始努力地工作，开始和父母朋友聊天、出去玩儿，慢慢地我觉得我的身体变得轻松了，感觉一股污秽的气体从我身体间放了出去，我解脱了，我不再是游戏的傀儡。

小石头：然后我再婚了，过了一年半有了自己的女儿——湘湘。现在我每天早起就去公司，下班赶紧回家照顾女儿，根本没时间下副本了。小家伙占满了我所有的时间，不过心里比以往都要高兴——BOSS哪有我女儿漂亮呢。[1]

故事中的"掉线勇士"是因为父亲重病住院了从而放弃了网游，因为那让他意识到家庭比游戏的意义大多了。"小石头"是因为女儿出生才离开网游，因为她体验到了天伦之乐比网游快乐。这就是说，我们可以以让现实世界更美好、更有意义的方式让玩家回归。

让现实世界更美好、更有意义不只是像上述故事中的让家庭生活更美好，还包括让我们的社会更美好，不只是要青少年尊重、理解家长、专家、政府，家长、专家、政府也要尊重、理解青少年，尊重他们游戏的权利，不要胡乱扣帽子。美国电子游戏研究专家希德尔·古塔教授说过：

随着年龄增长，游戏者会觉得越来越不好玩，为什么呢？因为社会角色的分配会使生活逐渐丰富多彩起来，也就无须依靠虚拟世界来寻求快乐和满足。而对

---

〔1〕 人民网游戏频道编辑部.人民游评特别视角：80后眼中的网游网瘾.人民网游戏频道，2012—01—04.

于电子游戏本身来说，陪伴人类走过了一段寂寞的时光，它也光荣地完成了它的历史使命，这是一个很光明的结局。[1]

希德尔·古塔教授说的是整个电子游戏，有些话对网络游戏并不是十分适用，如“无须依靠虚拟世界来寻求快乐和满足”。因为网络游戏比街机、单机游戏都要复杂、博大，它能提供一些现实世界永远无法提供的东西，如“丰饶‘经济学’”、“各寻自己的快乐”，会粘附玩家很长一段时间，即使成年了、工作了，玩家也往往还在网游世界悠游、徜徉。这在本书第二部分所举的众多案例中都可见出。但“陪伴人类走过了一段寂寞的时光”、“光明的结局”的结论适用于网络游戏。网络游戏本质上还是游戏，组建家庭、参加工作后，虽然可能还玩网络游戏，但只会在“寂寞的时光”，不会沉溺得忘了自己的社会角色。上述故事中的“酷猫”已经 29 岁了，还在玩《传奇》，从他叙述的语气看，这并不是年少时的癫狂状态。网络游戏的雄心是和迪斯尼样别造一个世界，我们不能因为它别造了一个和现实世界游戏规则不同的世界就否认它，而要去真正理解这个世界，了解青少年在这一世界追求的是什么。

网络游戏的雄心是和迪斯尼样别造一个世界。

所以，从主流社会的真正所求出发，“让玩网游的青少年不玩网游”的方法应当尊重青少年游戏的权利，理解网游对于他们的意义，同时更好地反思我们的家庭、教育、社会，让栖居于这个世界的青少年充满希望，而不是不去理解，只凭主观臆断，给玩家戴上“网游沉迷青年”、实则“网瘾青年”的帽子。这不单会让所谓的“网瘾专家”行走江湖，滋生网瘾戒疗这样的诈骗产业，还

[1] 人民网记者．玩家们长大之后是否会用游戏的态度面对人生．人民网，2005－06－09.

会让栖居于这个世界的青少年愤怒，或大声呐喊，或走向街头，更可怕的是让他们失望，再也不去努力地为这个世界创造未来。

最后，让我们重温《网瘾战争》的台词，听听这些青少年复杂的心声：

我们是玩着游戏长大的一代人。这么多年来，人变了，游戏也变了。可我们对游戏的喜爱没有变，我们玩家群体在这个社会中的弱势地位也没有变。

……

没错，我们沉迷了。可我们沉迷的不是游戏，而是游戏给我们的那种归属感，我们沉迷的是这4年来的朋友和感情，是这4年来的眷恋和寄托。

这一年里，即便是这样一个畸形的版本，我们还在坚持；这一年里，我们每次点天赋，都会想着什么时候能再多10点；这一年里，我们每次到幽暗，都会看到对面那座永远没有飞艇停靠的塔楼；这一年里，我们明知不可能，却仍不知疲倦地向北极游过去，游到地图的边缘，游到连海都没有的地方。

可我们还是看不清那片冰冷的土地！

……

在这一年里，我和其他热爱这个游戏的人一样，为水灾，为地震而痛心哭泣；为载人航天，为奥运会而加油喝彩。我们打心眼里，就不想我们在任何一个方面落后于这个世界上的任何一个民族。

……

从这些心声中，我们可以看出，所谓的网游"浪子"实则与主流大多并无二异。他们同样渴望深挚的情谊，追求新鲜的知识，同情人类的苦难，他们其实就在主流社会的怀抱中。他们看似乖张、桀骜，实际所求不过游戏的权利而已。

主要参考文献

中文书籍

1. 约翰·赫伊津哈. 游戏的人[M]. 何道宽,译. 广州:花城出版社,2007.

2. 魏晶泫. 网络游戏产业发展战略[M]. 北京:清华大学出版社,2008.

3. 梁素娟,刘红强. 游戏江湖[M]. 北京:新世界出版社,2009.

4. 保罗·杜盖伊,斯图尔特·霍尔. 做文化研究:索尼随身听的故事[M]. 霍炜,译. 北京:商务印书馆,2003.

5. 约翰·菲斯克. 关键概念[M]. 李彬,译注. 北京:新华出版社,2004.

6. 大卫·波德维尔,克莉丝汀·汤普森. 电影艺术:形式与风格[M]. 彭吉象,译. 北京:北京大学出版社,2003.

7. 汪民安:文化研究关键词[M]. 南京:江苏人民出版社,2007.

8. 约翰·菲斯克. 理解大众文化[M]. 王晓珏,宋伟杰,译. 北京:中央编译出版社,2001.

9. Angeline Khoo, Matthew J. Hal. 家有玩主[M]. 汤斌浩,译. 北京:清华大学出版社,2010.

10. 罗钢,刘象愚. 文化研究读本[M]. 北京:中国社会科学出版社,2000.

11. 米金升,陈娟. 游戏东西[M]. 广西:广西师范大学出版社,2006.
12. 康德,判断力批判[M]. 邓晓芒,译. 北京:人民出版社,2002.
13. 弗洛伊德. 论创造力与无意识[M]. 北京:中国展望出版社,1987.
14. 麦克卢汉. 理解媒介[M]. 何道宽,译. 北京:商务印书馆,2000.
15. 朱大可,张宏. 21 世纪中国文化地图[M]. 北京:商务印书馆,2008.
16. 刘健. 电玩世界[M]. 天津:百花文艺出版社,2006.

报刊文章

1. 徐涛,张晶. 诺基亚之死[J]. 第一财经周刊,2011(6).
2. 王林,邹曈,金晶,徐涛,白雪骐. 游戏机要来了[J]. 第一财经周刊,2011(15).
3. 李伟. 魔兽社会[J]. 三联生活周刊, 2009(43).
4. 曹筠武,张春蔚,王轶庶. 系统[N]. 南方周末, 2007—12—29.
5. 益普索公司. 画面真实的 3D 网络游戏将成为主流[J]. 广告大观, 2010(10).
6. 谢灵宁. 巨人新征途[J]. 第一财经周刊, 2011(12).
7. 金晶,朱小坤. Web Game 征途[J]. 第一财经周刊, 2011(16).
8. 大众软件编辑部,2010 中国电脑游戏产业报告[J]. 大众软件, 2011(1).
9. 晨报周刊编辑部. 网瘾战争:再微小也要发声[N]. 晨报周刊,2010(6).
10. 杨莲洁.《网瘾战争》勇夺金土豆奖[N]. 北京晨报,2010—04—18.

11. 谢梦,杨帆. cosplay 玩家故事[N]. 华西都市报,2003－12－21.
12. 秦娜. 你所不知道的 cosplay[N]. 甘肃日报,2011－06－13.
13. 罗敏. cosplay[N]. 广州日报, 2007－07－25.
14. 程鹏. 金币农夫:网游世界掘金者[N]. 南方日报,2007－01－23.
15. 鲁伟. 中科院研究发现网瘾可致青少年脑结构改变[N]. 中国科学报, 2012－01－11.
16. 何海宁. 17 岁的残酷青春[N]. 南方周末, 2008－04－16.
17. 杨继斌. 网瘾治疗:门派并起,裸奔五年[N]. 南方周末, 2009－09－02.

图片索引

1. 第 8 页，记忆中的街机，百度街机贴吧（tieba.baidu.com）；

2. 第 10 页，《街头霸王 2》中的格斗场面，电玩巴士网（www.tgbus.com）；

3. 第 15 页，任天堂的红白机，驱动之家网站（www.mydrivers.com）；

4. 第 18 页，任天堂的“游戏男孩”掌机，电玩巴士游戏论坛（bbs.tgbus.com）；

5. 第 22 页，PSP 模仿秀，硬派网（www.inpai.com.cn）；

6. 第 27 页，波斯王子与传送门，《波斯王子 · 遗忘之沙》游戏截图；

7. 第 36 页，传奇的《热血传奇》，好桌面网站（www.haodesk.com）；

8. 第 49 页，《傲视天地》游戏画面，易玩游戏网（www.15game.com.cn）；

9. 第 56 页，《诺亚传说》内测广告，17173 游戏网（www.17173.com）；

10. 第 57 页，《天龙八部 2》户外广告，17173 网站（www.17173.com）；

11. 第 60 页，角色个人信息图，《地下城与勇士》游戏截图；

12. 第 66 页，《魔兽世界》卡里姆多大陆地图，《魔兽世界》

国服官网(www. battlenet. com. cn);

13. 第 69 页,《地下城与勇士》中的稀有装扮——苍穹之翼,多玩网站 DNF 专题(dnf. duowan. com);

14. 第 71 页,上古神兽——犀牛,《天龙八部》官方网站(tichangyou. com);

15. 第 72 页,龙斗士的觉醒技能——苍龙逐日,《地下城与勇士》截图;

16. 第 74 页,《魔兽世界》背景乐大碟,腾讯游戏社区(game. zone. qq. com);

17. 第 82 页,同一账号下的不同角色,《地下城与勇士》截图;

18. 第 93 页,2004 年世界电子竞技决赛场景,网游先锋网站(www. 1t1t. com);

19. 第 106 页,《网瘾战争》画面,《网瘾战争》视频截图。;

20. 第 127 页,辛苦打宝的金币农夫,星岛环球网(www. stnn. cc);

21. 第 133 页,网络游戏断开界面,搜搜问问(wenwen. soso. com);

22. 第 137 页,“艾尔之光”的抗议,狐狸国度美眉公会微博(weibo. com/ hulimm);

23. 第 148 页,游戏至死的玩家,131 游戏网(131. com);

24. 第 165 页,城市中的网吧,恒大网吧站(www. w8cp. com);

25. 第 167 页,(易观国际)2010 年中国网络游戏用户离开前一个网络游戏的原因,17173 游戏网(www. enfodesk. com);

26. 第 168 页,(艾瑞咨询)2010 年导致中国网络游戏用户离开某一款游戏的原因,艾瑞咨询网(www. iresearer. cn)。

中国大陆网络游戏大事记

7 月，由中国台湾地区雷爵公司开发的网络游戏《万王之王》(King of Kings)进入内地，在不到 4 个月的时间内注册人数就达到了 10 万。它开启了中国内地网络游戏的大门。 2000 年

11 月，宇智科通代理韩国网游《黑暗之光》进入国内，这是韩国网络游戏进军中国的第一枪。这款游戏由于质量粗糙，很快就被市场淘汰。

1 月，北京华义公司运营日本 Digipark 公司的《石器时代》，这款游戏色彩明亮，人物造型幽默可爱，一度占据当时国内网游市场份额的 75%。但由于创收模式混乱，最终以失败收场。 2001 年

3 月，北京中文之星公司的原创网络游戏《第四世界》上市，这一作品填补了国内原创网络游戏的空白，但终因乏人问津而结束运营。

5 月，"联众世界"成长为全球最大在线游戏网站。联众同时在线 17 万人、注册用户约 1800 万，是当时全球最大的在线游戏站点。

5 月 20 日，韩国休闲类社区游戏《碰碰 i 世代》正式公测，这款最终失败的游戏证明了冒险和个人对决才是当时中国玩家的首选。

7 月，游龙在线推出《金庸群侠传 OL》，是当年最成功的原

创网络游戏。

11 月,网易推出《大话西游 OL》,吹响了门户网进军网络游戏产业的号角。这一举措让网络游戏成为门户网站新的利润来源。

2002 年

6 月,网易为了弥补运营状况不佳的《大话西游 2》,引进了当时韩国网络游戏《精灵》,网易的复合型网络游戏经营战略浮出水面。

7 月,上海盛大公司代理运营的韩国网游《传奇》同时在线人数突破 50 万,成为世界上最大规模的网络游戏。

10 月 6 日,《传奇》私服出现在国内,私服开始登上历史舞台。

10 月,上海 UBI 公司签约欧美第一网络游戏《无尽的任务》(Ever Quest,简称 EQ),但由于水土不服,于 2005 年 1 月宣布在国内停服。

11 月,新浪网正式签约《天堂》,标志着国内第一门户网站介入网游领域。

2003 年

1 月 24 日,盛大网络因拖欠韩国方分成费,Actoz 和 Wemade 单方面中止了盛大对《传奇》的运营权,中韩第一次网络游戏运营纠纷就此开始。

6 月 26 日,国家新闻出版总署明确表示外挂行为属于非法互联网出版行为。并要求所有网游在游戏开始前,必须在画面的显著位置全文登载《健康游戏忠告》:“抵制不良游戏,拒绝盗版游戏。注意自我保护,谨防受骗上当。适度游戏益脑,沉迷游戏伤身。合理安排时间,享受健康生活。”

9 月,网络游戏正式被列入国家“863 计划”,政府将投入 500 万元人民币支持原创网游开发,金山和世模成为“863

计划”的第一批收益者。

12 月，搜狐代理运营《骑士 OL》，至此，三大门户网站齐聚网游。

2004 年

1 月，上海九城公司宣布代理运营美国暴雪公司的《魔兽世界》。

4 月 21 日，国家广电总局就电脑网络游戏类节目的问题发出《关于禁止播出电脑网络游戏类节目的通知》，要求各级广播电视播出机构一律不得开设电脑网络游戏类节目，不得播出电脑网络游戏节目。

5 月 13 日，盛大互动娱乐有限公司在美国纳斯达克挂牌上市。这是中国首个在美国纳斯达克上市的网络游戏公司。

10 月 5 日，北京游戏蜗牛公司正式宣布自主研发的网络游戏《航海世纪》被韩国九兄弟公司引进到韩国出版运营，签约金额约达 15 亿韩币。

11 月，越南网游运营商 VinaGame 将金山旗下的《剑侠情缘 OL》带进越南，截至次年年底，《剑侠情缘 OL》平均在线人数突破 18 万，VinaGame 也凭借该作一举获取越南本土网游市场占有率的 92.3%。

12 月 15 日，三款大型网络游戏《密传》、《命运 2》、《彩虹冒险》宣布不再针对玩家上线时间收取费用，而采取“免费游戏＋虚拟物品买卖”的模式进行运营，这是网络游戏收费模式的新趋势。

2005 年

1 月 31 日，33 集古装大戏《仙剑奇侠传》在上海电视台电视剧频道播出。这是中国首部根据同名网络游戏改编的电视剧。

7 月 21 日，盛大正式启动“盛大盒子”内容合作伙伴计划。

"盛大盒子"是一种新型的电脑终端产品。它使用电视机或电脑显示器作为显示终端,采用简便的遥控器操作方式,能接入现有的宽带和有线电视网络,实现以"娱乐、生活、求知"为核心的众多功能和应用,致力于为消费者提供新鲜独特的互动娱乐体验。

11 月 29 日,继网络游戏《传奇》与《梦幻国度》免费之后,盛大旗下另一款主打游戏《传奇世界》宣布于 12 月 2 日实行游戏时间免费、增值服务收费的新模式。在《传奇世界》保持季度增长约 40%的高收入增长下,主动提出免费策略,充分说明了盛大主动转型的决心。

2006 年 4 月 8 日,巨人网络公司的免费游戏《征途》投入运营,这款游戏因对道具收费模式淋漓尽致的发挥而引发人们对"人民币玩家"的热议。

7 月 28 日,北京完美时空与日本游戏运营公司 C&C Media 就《完美世界》(日文版)版权代理签订合作协议,签约金额 200 万美元。这是中国网络游戏首次出口日本。

2007 年 7 月 16 日,由新闻出版总署、公安部、教育部、信息产业部等八部委联合推行的"网络游戏防沉迷系统"正式在全国网络游戏中全面投入使用。"网络游戏防沉迷系统"上线后,未成年人游戏时间超过 3 小时,游戏就会自动提示用户经验值及收益将减半;超过 5 小时,经验值及收益为零。

7 月 26 日,完美时空在美国纳斯达克市场成功上市。10 月 9 日,金山软件在香港联交所挂牌上市。11 月 1 日,巨人网络公司在美国纽约交易所上市。11 月 2 日,网龙公司在香港联合交易所有限公司创业板上市。这表示资本市场对中国游戏产业的信心。

2008 年

2 月 19 日，完美时空同马来西亚著名网络游戏运营商 Cubinet 签署了新授权协议。根据协议，Cubinet 获得了完美时空旗下网络游戏《武林外传》在越南，以及《诛仙》在越南、泰国、马来西亚和新加坡的运营授权。

4 月，完美时空公司宣布，在美国成立全资子公司 Perfect World Entertainment Inc，首先开始在美国本土运营《完美世界国际版》。

4 月 16 日，盛大宣布与印度游戏公司 Zapak Digital Entertainment Limited 达成合作。这是中国网络游戏首次进入印度市场。

7 月 4 日，上海盛大网络发展有限公司宣布成立盛大文学有限公司。继对"盛大游戏"和"盛大在线"两个事业部进行企业化管理之后，盛大的新业务板块"盛大文学"浮出水面，标志着盛大正式进入集团化发展的轨道。"盛大文学"下属的全资公司和投资公司有起点中文网、晋江原创网、红袖添香网站。

8 月 13 日，网易宣布引进美国暴雪公司旗下的游戏《星际争霸 2》及战网。

9 月 27 日，巨人公司宣布推出《征途》（怀旧版），逐步放弃"开箱子"等非日常消费所获得的收益，转变到基本依靠日常消费维持业绩成长的发展模式。

2009 年

1 月 13 日，盛大公司和金山公司在上海签署"开放之约"。双方将在游戏运营和计费渠道、呼叫中心、分红推广等领域内进行尝试性合作。盛大将取得金山现有主力网络游戏《剑侠世界》的合作运营权，为此将组织专门的团队。在该项目的合作上，金山将以开发商的身份出现。与此同时，盛大将向金山公司另外一款网络游戏《剑侠情缘 OL2》开放在线服务平台，为其提供在线计费、呼叫中心等服务。

4 月 2 日，搜狐旗下主营游戏业务的畅游公司顺利在纳斯达克上市，这也使得搜狐成为国内第一家拥有两家上市公司的互联网公司。

4 月 16 日，美国暴雪娱乐公司和网易公司宣布，在中国大陆地区《魔兽世界》现有运营权协议到期后，将其独家运营权授予网易旗下关联公司，为期 3 年。

5 月 7 日，CCTV《朝闻天下》报道杨永信无证使用电击治疗《能用治疗精神疾病的方法治疗网瘾吗》。《中国青年报》也报道了“戒网专家”电击治网瘾所惹出的争议。

6 月 7 日，第九城市关闭《魔兽世界》服务器。与此同时，丁磊和暴雪 CEO Morhaime 宣布《魔兽世界》过渡正式开启。

7 月 8 日，《信息时报》报道《完美时空三年跃升国内网络游戏出口 NO. 1》。自从 2006 年 7 月《完美世界国际版》第一次实现出口以来，三年间，完美时空已经向 60 多个国家和地区出口了多款游戏，成为中国网络游戏出口 NO. 1。业界认为，作为市场的“标识符”，完美时空正如一面镜子，映射出了中国网络游戏企业全球化战略的雄心。

8 月 2 日，网易公司自主研发并独立运营的网络游戏《梦幻西游》于 2009 年 8 月 2 日 14 时 40 分最高同时在线人数达到 256 万，这不仅刷新了该款游戏于 2008 年 8 月份创下的 232 万同时在线人数的纪录，也再一次刷新了中国网络游戏最高同时在线人数纪录。

9 月 26 日，盛大网络公司旗下子公司盛大游戏于纳斯达克正式挂牌上市。盛大游戏本次上市融资额高达 10.4 亿美元，超越年初搜狐畅游上市，成为 2009 年美国融资额最大的 IPO，并刷新中国上市公司在纳斯达克交易市场的融资规模。

10 月 20 日，巨人网络发布《绿色征途》。据称，这款游戏是该公司董事长兼 CEO 史玉柱这几年的“反思之作”，游戏核心理念是关注非付费玩家。

11 月 12 日，盛大网络与湖南广电在上海宣布达成战略合作，双方将共同出资 6 亿元人民币成立盛世影业有限公司。新成立的盛视影业主营业务为电影和电视剧的制作、发行及相关衍生业务，包括艺人经纪服务和相关服务业务。

2010 年

1 月 20 日，由性感玉米导演的网络视频《网瘾战争》于优酷网发布。这部视频因制作精良，内容传达了玩家的心声而备受关注。从 1 月 20 至 2 月 5 日，仅优酷网站上，该视频的播放次数就超过了 100 万次。《网瘾战争》也以自身的优秀证明了玩游戏并不是玩物丧志。

2 月 2 日，中国青少年网络协会在北京发布了《2009 中国青少年网瘾报告》。网民纷纷质疑其网瘾判定的标准，其“135.5 分钟为重度网瘾患者”的结论被质疑最多。

3 月 13 日，盛大网络宣布与中国网络电视台(CNTV)展开全面战略合作。根据这一框架的约定，双方将在横纵两向上整合优势资源。横向上涉及网络视频、游戏、影视、文学、音乐、无线、在线平台等业务；纵向上包括内容制作、技术支持、授权合作等领域。而双方的合作重点在网络游戏和视频两个方面。

4 月 16 日开始，松原市网游玩家“剑行天下”用 48 小时在游戏中募集了 125.19 亿游戏币，出售后会同玩家们捐献的现金，筹得善款 4039.66 元，全部通过松原市红十字会捐给了玉树灾区。

6 月 1 日，盛大网络和华友世纪宣布，两家公司已经达成一项最终收购协议。根据这项协议，华友世纪将收购盛大网络旗下一项网络音频业务，盛大网络则将获得 415384615 股(约合 4.15 亿股)的华友世纪增发普通股；与此同时，盛大网络将以 36944267 美元(约合 3690 万美元)的价格收购华友世纪的录制音乐及无线增值服务业务，支付方式为现金，将根据华友世纪网络音频业务截至 5 月 31 日为止的现金余额进行调整。交易在 2010 年第三季度完成。

8 月 10 日，巨人网络首次自主研发的 3D 游戏引擎 M2 投入使用。这款引擎的使用引起韩国多家网络游戏公司的重视，已有多家韩国游戏公司与巨人网络进行接触。如果谈判成功，这将是国内首款出口的国产 3D 引擎。

9 月 16 日，盛大游戏正式宣布签约 Square Enix 网络游戏大作《最终幻想 14》，获得中国大陆地区的独家运营权。相对目前中国网络游戏市场上的“主流”产品而言，《最终幻想》是一个绝对的“另类之作”，它以剧情、情感为主旨的游戏风格，能否成功打破中国网络游戏的“同质化”魔咒，将成为更为长期的关注点所在。

12 月 10 日，南京一对夫妇因非法使用网络游戏外挂代人练级牟利，被南京市江宁区人民法院分别判处有期徒刑 6 年和 3 年，并处 300 万元人民币罚金。

2011 年

1 月 27 日，盛大在线与胜思在其开放平台联运《石器时代 2》。盛大开放平台是面向第三方的开放式互动娱乐产业的综合性平台，为互联网互动娱乐应用提供应用接入、应用分销、整合方案、服务接入等一整套服务的开放性平台。盛大开放平台在 2010 年 8 月上线，随着推广力度加大，逐渐有九城这样的大厂商开始进驻。该平台入主的厂商还包括了麒麟、巨人、乐港等。

3 月 1 日，由工信部、文化部、教育部等八部门联合推动的

“网络游戏未成年人家长监护工程”在网络游戏行业全面实施，目的是让家长通过这个工程控制孩子玩游戏的时间段和时间长度，引导未成年人健康、绿色地参与网游。

3 月 18 日，美国暴雪娱乐公司和网易公司联合宣布，《星际争霸 2》将于 2011 年 3 月 29 日在中国大陆正式开始免费公测。公测期间，玩家将能够免费畅玩《星际争霸 2》的多人游戏模式，在免费公测结束后，《星际争霸 2》将在中国大陆开始正式运营。

3 月 29 日，久游旗下三款网游《侠道金刚》、《超级乐者》、《劲爆篮球》同时发布停运公告。同时有这么多网游发布停运公告并同时关服停运，这在历史上还尚属首次。

8 月 24 日，完美世界以 3.6 亿元的价格对外出售旗下影视文化子公司，这距离去年 7 月完美世界通过重金收购影视公司仅仅一年。尽管游戏与电影产业的整合在国际上早已是标准化模式，但中国网游企业的多元化之路仍然坎坷。

12 月 9 日，《艾尔之光》女性玩家街头抗议反网瘾专家。反网瘾专家陶宏开在媒体上评价《艾尔之光》的女性玩家营销策略时，称女人玩游戏危害的是两代人。这激起了众多女性玩家的不满，她们聚集在上海电视台门口，拉着“陶宏开必须向全中国女玩家公开致歉”的横幅向陶宏开发出抗议。

后记

大约在两年前，我才真正接触网络游戏。在蜻蜓点水式地玩过数款流行的网游后，我发现没有一款能吸引我玩下去。我纳闷了，为什么面对令众多年轻人痴迷的网游，我却感觉索然寡味？是不是我老了？于是改变策略，硬着头皮主玩一款网络游戏。随着对网游各个平台的深入体验，我发现自己先前的玩法走偏了。网络游戏是复杂的，短时间的浮光掠影是不能窥其堂奥的。

网游的复杂不止体现在网游文本上，还体现在人与人的交往中。我在网游世界有意地结识各类玩家，发现网游世界和现实世界一样，认识的玩家虽然众多，但经常在一起的也就几个兴趣相投的玩家。我们会去副本与怪物拼搏厮杀，会仔细寻找网游文本的裂缝；也会静待一处，分享生活、学习中的苦与乐，或恋爱的烦恼，或被骗的羞愤，或评上奖学金的喜悦。到现在我都没见过他们，也不知道他们的真名，我们互相以游戏 ID 称呼。现实世界中，我们擦肩而过，也不会辨识出这是互吐心声的朋友。网游中的年轻人会走上社会，会在生活中精打细算，会在工作中你拼我斗，或许他们永不见面，但游戏中的信任、尊重会永存心底最柔软的地方。

本书主要探讨的话题也就是这两个问题：网游为何吸引年轻人？网游对年轻人的意义何在？围绕这两个话题，本书进一步思考了在商业性的诱引和主流社会的规训下，网游的消费方式又产生了怎样的变异和新意义。

探讨上述话题时，本书主要的关注对象是最获年轻人喜爱的角色扮演类网游。本书得出的论点虽然也适用于射击类网游，但是否适用于休闲类网游还有待于进一步研究。此外，移动互联网软硬件技术的蓬勃发展，让网络游戏也能于智能手机、平板电脑上粉墨登场。游戏载体的改变又给网游带来怎样的新的文化意义，也值得进一步探讨。

本书的完成要感谢我的导师马中红教授，是她承受压力，让我参与到“新媒介与青年亚文化”丛书的编写中来。在本书的撰写阶段，她又从本书的结构、内容、风格上给予我莫大指导。没有她的帮助与指导，本书是不能成形的。在与马老师的交谈、相处中，我还感受到她学术上的高屋建瓴，为人处世的优雅从容，这些都值得我一辈子学习。

感谢陈霖教授，是他令人如坐春风的谈话、既有压力又有动力的督促使我完成了书稿。感谢曾一果老师、易前良老师、陈一师兄，是他们在丛书讨论会上的意见，使我理清书稿的结构；感谢我的老同学顾亦周，与他的的交流，使我对书稿的风格有更清晰的认识。

感谢我的父母、岳父母、爱人，是他们的理解、支持与照顾，使我能专心于书稿的写作。

感谢苏州大学出版社的领导和编辑们，是他们的支持与辛劳，才使本书得以最终成形、出版。

鲍　鲳

2012 年 3 月 30 日